Toddler
Scribbles

林慧如　著

嬰兒塗鴉
培養聰明大腦的方法

國｜藝｜會｜　出版補助　｜　國家典藏書目

嬰兒塗鴉　培養聰明大腦的方法

從「塗鴉」中窺見嬰幼兒心靈的祕密花園

推薦序　林玟君

　　一看到慧如寄來的書本封面，一幅充滿生命力的紅色塗鴉作品，就深深地吸引了我的目光。再看到這本書的名字—「嬰兒塗鴉」，更引發了我的好奇—過去我曾在美感研究中，收集不少幼兒塗鴉的樣本，但是多半是幼兒園中小、中班幼兒的作品，而這本書卻是從「嬰兒」開始，到底「嬰兒塗鴉」是長什麼樣子？有必要引導嗎？它和嬰幼兒的身心靈發展又有什麼關係？對日後的認知或美感發展也有關連嗎？

　　若繼續往下閱讀，你就會發現，這不僅只是一本描述嬰幼兒塗鴉的引導書，它更是透過「塗鴉的記錄」讓我們具體地理解嬰幼兒在三歲前，如何透過塗鴉來連結其身心及認知發展的歷程。從第一章「認知的起點」—作者描述

小小的BABY—「眼睛能分辨光線、耳朵能聽到聲音、嘴巴能品嚐味道，手能抓握」—原來它在媽媽的子宮裡，就已經準備著對外在美好事物進行探索與創作的感官覺察力。這不禁讓我想起三十年前我和大女兒的第一次邂逅。那是在她滿二十週時，從醫生的超音波影像中，我看到她的小手含在嘴裡的懵樣，當時心中湧現的感動到現在猶然記憶深刻，也真的令人難以想像，這個才逐漸發育的生命，竟然早已和外界環境有了初步的連繫。

　　本書的第二章和第三章，作者認真地引用了豐富的學理與實驗研究，以生動易懂的文字，闡述了嬰幼兒大腦、感官發展與「塗鴉」之間的密切關係。這也說明了「塗鴉」不只是單純動動手的藝術活動，而是需要配合腦部及手眼感官等全方位的協調運作。透過「人」與「塗鴉」的互動連結，嬰幼兒的情緒、注意力、身體動作及空間節奏感，得以重複地調整且逐漸邁向更穩定的發展。

　　從本書中的第四章起，作者轉而從成人的角度，仔細地描述了幾個引導的原則及不同塗鴉階段的發展與參與重點。尤其作者以咚咚的塗鴉筆記做為敘寫的案例，讓讀者們能夠迅速地抓到如何對不同時期的嬰幼兒，進行塗鴉的引導與觀察。

近十年來，幼托整合後的幼兒園「美感領域」課綱的出現，以及教育部推動的「美感教育向下扎根計畫」，我們的幼教現場很需要更多的學理案例來支持教師們的教學行動。目前的資料多半是以三歲以上的幼兒為主，這本書的出版，剛好補充了這方面的不足，可以讓更多想要走入嬰幼兒的「感官與美感世界」的教保服務人員，有了更豐富的參考資源。

　　你若是為人父母或嬰幼兒的教師，這本書會是一個認識嬰幼兒身心發展與認知運作的好書，在作者生動有趣的解說與優美流暢的敘寫下，你會在不知不覺中進入幼兒的塗鴉世界，更重要的是，你將能透過「塗鴉」來引導嬰幼兒表達生活中的點滴，並進而啟動他/她的生命活力。

　　　　　　　　本文作者為國立臺南大學藝術學院院長

連結孩子發展與溝通的塗鴉活動

推薦序　李玉琪

　　為安排幼兒園裡的活動，我們曾經與慧如老師合作，很榮幸推薦她的新書《嬰兒塗鴉》。我們托嬰中心的規畫主要是讓孩子適應團體生活，提供模仿和刺激的機會。除了安排繪本共讀、體能訓練，還有慧如老師協助我們引導幼兒園的孩子塗鴉。讓嬰兒們塗鴉，雖然狀況百出，大抵上每個孩子都很興奮。老師同時記錄孩子們感覺統合的表現、左右手使用的頻率，收集一些個別成長的細節，以及在每張塗鴉幫孩子寫上名字和日期，以便日後追蹤孩子的發展，這些是我們從塗鴉中所獲得的回饋。

　　園裡有許多不同年齡的孩子，一旦孩子哭鬧，老師會不斷地詢問，試著排除讓他生氣、哭鬧的原因。年幼的孩子說話不流暢、詞句表達有限，我們也只能用言語溝通。慧如老師的書中談到：「即使孩子只畫線條，也在傳達訊

號。當一個孩子畫出糾結成團、重複加疊的線條，孩子的身心狀況是不穩定的。睡眠不足、身體不適都會影響，孩子畫線條的品質。」有些情景是孩子說不清楚的，當我們依循塗鴉比對孩子當日的行為，就發現有趣的事情，像是他穿了一件不舒服的新褲子，或是早上沒有吃飽的情節。原本以為理解塗鴉要有專業背景，但是閱讀《嬰兒塗鴉》中的例子，對認識塗鴉很有幫助，可參考線索去判斷好、壞的符號，猜測孩子塗鴉的內容和意圖。

　　《嬰兒塗鴉》把引導嬰幼兒塗鴉的知識鋪陳於書中的九個章節，從胎兒期、大腦發展到分齡的進度，依時間的排序，清楚敘述嬰幼兒的成長和塗鴉的發展，這些內容是實務經驗與學理研究的整理，啟發我們探索孩子塗鴉的真實和美好，讓我們發現孩子的內心世界，是值得家長閱讀和老師參考的一本好書。

　　　　　　　　　　　本文作者為多元托育幼兒園園長

塗鴉大腦發展好

自 序　林慧如

　　看著孩子心無旁騖握著筆，畫出美麗的塗鴉，你有沒有因此感染片刻的正能量，而充滿希望？

　　從孩子興奮得抓起筆的那一刻起，溢於言表的行動傳達塗鴉是一件好玩的事情，他們很喜歡。在每週上繪畫課的時間，3歲的小菲比自己按部就班的吃完麵包和水果，穿好鞋子等著媽媽，只有這一天的早餐菲比媽媽不用催促，也不需要對她道德勸說，母女倆從容不迫地好好的出門。下面這張塗鴉是歆歆聽完媽媽讀《點》繪本　註1　後所畫，她說：「和葳葳，畫畫。」孩子塗鴉的心思很單純，沒有任何一種活動像塗鴉能滿足他的創造表現。作者看到愛塗鴉的孩子就彷彿看到童年的自己，想要呵護、支持這份單純的心，而有書寫本書的動機。

歆歆聽完《點》繪本後的塗鴉。

　　本書參考 *Child Development* 註2把2個月至24個月大分類為嬰兒，每半年為一個階段詳述嬰兒的發展，嬰兒期總共四個階段。在本書中2歲以後的孩子通稱為幼兒，沒有特意使用學步兒來分類，而是以實際年齡區隔塗鴉表現。作者建議12至15個月大的嬰兒開始塗鴉。但是尚在嬰兒期的新生命，真的有能力塗鴉？會太早塗鴉？這是大部分人心中的疑慮，這些疑慮就像做研究的假設，需要深入討論。由於作者長時間引導兒童創作，而有許多機會接觸各種年齡的幼兒，更進一步研究大腦發展和神經元運作，發現從培育的觀點塗鴉是培養大腦的好方法，孩子們也從中獲得樂趣和滿足。

行為主義與鏡像神經元

　　嬰兒塗鴉屬於行為的範疇，人的行為一方面由中央智慧所監控、計畫，另一方面由沒有心智的機械系統來執行，這是常識心理學的「雙元論」，簡單的說就是由智慧的大腦下命令給沒有心智的手做出塗鴉行為。但是在這之前嬰兒未曾塗鴉，塗鴉需要眼睛偕同手握筆，控制施力畫在紙上，嬰兒的大腦在沒有主觀的經驗之前，是沒有能力下命令給手做出塗鴉的行為。

　　嬰兒未曾塗鴉，尚未建立他的主觀經驗，所以嬰兒第一次塗鴉純粹是感官刺激的反應。假設你在嬰兒面前抄寫電話

號碼，卻被嬰兒搶奪了筆，請不用懷疑是你刺激了嬰兒，讓嬰兒採取行動。你握筆寫字的視覺訊號進入嬰兒的眼睛，由視網膜經由視丘(腦的中樞)傳遞訊號給鏡像神經元，再整合訊號後，做出搶筆的反應。嬰兒眼睛(視覺)和手(觸覺)的感官一前一後密切聯結，他想要模仿你在紙上寫字，他的敏感性、好奇心催化了創造力，促成塗鴉行為。

視覺訊號由眼睛接收，刺激嬰兒大腦中的鏡像神經元，讓他想要模仿的欲望，是未來引導嬰兒塗鴉的關鍵。鏡像神經元(Mirror Neurou)顧名思義就是科學家比喻大腦中的這種神經元，好似反射他人行為、心情、感覺的一面鏡子，它的任務是協助人模仿。由於鏡像神經元的模仿機制，讓我們可以去預期人的模仿行為。自從1977年安德魯•梅哲夫(Andrew Meltzoff)在實驗中發現42分鐘大的嬰兒會模仿之後，模仿順勢成為嬰兒學習的一種方法。我們計畫讓嬰兒塗鴉，由成人在嬰兒面前塗鴉，刺激嬰兒做出模仿的行為，借重鏡像神經元的機制來引導嬰兒塗鴉。

起初嬰兒塗鴉屬於感官刺激的運動快感，由於孩子從眼耳鼻口觸接收外界大量的感官刺激，他仰賴感官刺激去建立主觀經驗註3，最先畫出運動感知塗鴉。而後嬰兒身心成長，加上生活空間和時間上的連續性，協助嬰兒進階理解環

境並與之互動，經驗與心智漸進影響長大後的幼兒塗鴉，充實表現內容，塗鴉於是能夠誠實地記錄孩子的生活和感受。

嬰兒塗鴉培育大腦

許多研究證實藝術創作可發展兒童的創作力，培養美感，嬰兒塗鴉同樣也能獲得相同的好處，這無庸置疑。事實上，嬰兒塗鴉真正的紅利，是行為主義的刺激與反應，塗鴉行為刺激大腦內神經元的數量增加、突觸聯結，「用進退廢」的情況就像似一個小型迴圈，嬰兒越塗鴉，越刺激神經元和突觸，有益大腦發展，特別是在幼兒3歲關鍵期來臨之前，由於生命初期的可塑性最大，獲益最多，所以作者建議嬰兒在12至15個月大開始塗鴉。

嬰兒從初期的運動感知塗鴉發展至圓形塗鴉，是一個緩慢，值得耐心期待的進化過程。我們一方面以行為主義和鏡像神經元的機制做為引導嬰兒塗鴉的方法，另一方面，也遵從創造性取向學派 (Creative orientation) 提倡的藝術創造與過程需順應兒童自然發展的原則。一旦嬰兒開始塗鴉就減少介入、不干擾孩子自由表現，尊重孩子是獨立的個體，有個人內在的本能和性格，也有必須經歷的成長階段。

塗鴉一方面是嬰兒的運動，另一方面也是他的遊戲，嬰

兒享受遊戲中的玩樂趣味，無須設定目標，請成人不要教導孩子畫出可被辨讀的圖形，也不要批評孩子的塗鴉，因為那些看起來混亂、粗雜的線條其實充滿潛力，自有其蛻變的時程。在嬰兒語言未能發展到足以說明他的想法之前，那些線條紓解嬰兒的能量，訴說胎兒期的記憶，同時展現他的敏感性和創造力，在這個時間點，嬰兒就像似一位抽象表現主義畫家，用最直覺、感性的筆觸畫出每一條線，和每個點。

註解

註1，《點》，彼得•雷諾茲 (Peter H. Reynolds) 圖文 / 黃筱茵 譯，和英出版社，不會畫畫的小女孩葳葳因為老師的鼓勵，用力在紙上點了一下，從此這個點開啟葳葳無限的創造力。

註2，p141，*Child Development（sixth edition）*，John W. Santrock，Wm. C. Brown Communications, Inc.，

註3，p165，《藝術與視覺心理學》，魯道夫•安海姆 (Rudolf Arnheim) 著 / 李長俊 譯，雄獅圖書公司，安海姆認為：在人類發展的早期，主要特點之一是它完完全全依賴著感官經驗。對於那年幼的心靈來說，所謂事物其實是指它們的樣子、聲音、動作或味道。

補充

補充1，書中對色彩的安排，因為嬰兒開始塗鴉時色彩的存在感並不明顯，在第七章中出現彩色，表示幼兒逐漸感知色彩，加入了色彩塗鴉。

目錄

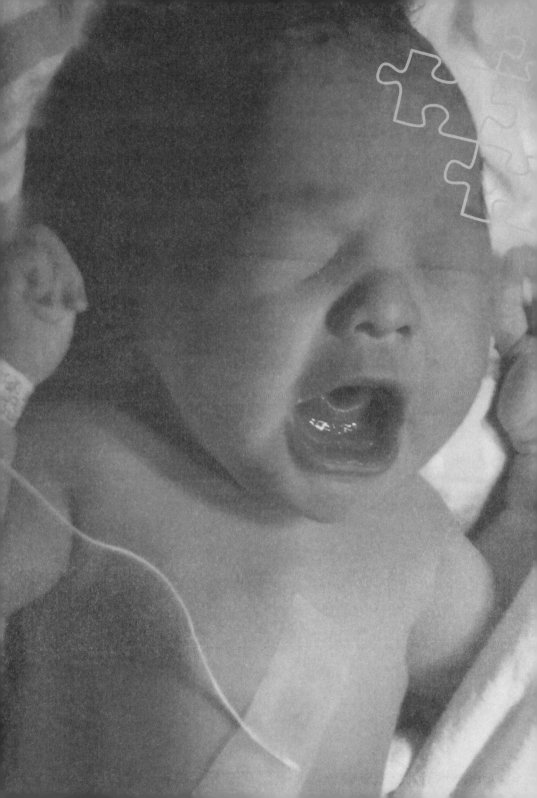

第1章 認知的起點

在媽媽的子宮中，
胎兒的眼睛能分辨光線，
耳朵能聽到聲音，
嘴巴能品嚐味道，
手能抓握，
具備基礎感官能力的胎兒，
早已開始學習！

活著已經教我們驚訝不語，沒有閒暇從事其他。

艾蜜莉•狄金森 (Emily Dickinson)詩人

為什麼新生兒聽到媽媽的聲音，會更用力吸奶，而聽到其他人的聲音吸奶速度就放慢下來呢？去除巧合，剩下的可能是新生兒在胎兒期不但有聽力還有判斷力，決定他的喜好。盧梭(Jean Jacques Rousseau)曾說：「我們一被生下來就開始學習。」這是大部分人的錯覺，認為新生兒就像白紙一樣，等著被生下來才開始學習。事實上，現在科學家利用新的儀器偵測胚胎，發現胎兒能在收到母體和外界的刺激後做出反應，有初步的認知能力，胎兒的學習早在無法被測量前就開始了。

計畫讓嬰兒塗鴉，我們把收集資訊的時間提前至胎兒期，去探究更早期的生命形式，回溯至那些行為、記憶零狀態的受精卵－在兩個永恆之間的一點時間閃光註1，去觀察細胞分裂時程、胚胎發育，以及胎兒感官發展，了解胎兒身體與四肢的反應，知道他們的眼睛何時能看見？耳

朵何時能聽得到？手何時能抓握？由這些能力來決定嬰兒未來開始塗鴉的時間。

新生交響曲

性愛發生的2週之內，受精的卵子急遽變化，在這個世界上最殊榮的生命將在母體子宮內成長，以卓越的效率在38週內從受精卵、胚胎、胎兒三個階段晉升為新生兒。子宮是女性生育的器官，造型上像似一個高腳的杯子，在宗教繪畫中以「聖杯」的樣式呈現，象徵著母體的子宮無條件給予、犧牲奉獻的精神，未來生命將在這裡孕育、成長，多麼奇妙的恩典！

新生交響曲即將展開首演樂章—受精卵奏鳴曲，卵子受精之後的進度不但掩人耳目還相當有效率，很快地在36小時後分裂成為2個細胞，一週長成100~150個細胞升

級為受精卵，緊接著屬於內、外器官的細胞差異化逐漸明確，2週後受精卵在子宮內壁著床，人類胎兒是需要長時間孕育的哺乳動物，子宮一方面24小時守護安全，另一方面也提供營養來源，胎兒自始自終的發育全仰母體，提供蛋白質、維他命、礦物質等成分，子宮孕育胎兒，是新生命重要的環節。

細胞分裂隨著時間持續進行，那是一種正面略帶盲目的節奏，由於未知而暫時免除墮胎的危機與爭議，在一位婦女體內的胚胎便以每分鐘二十五萬個細胞的速度生長。卵子受精後的2至8週，進入第二階段的胚胎期，節奏分明且按部就班，首先是胚胎最裡的內胚層，細胞發展成消化和呼吸兩種屬性，而中胚層稍後在第3週發育成循環、骨骼、肌肉部分；在胚胎最外的外胚層，細胞再長成神經系統和表皮外觀部分，人的身體由這三個胚層分別發育。生命之所以奇妙，是在這種層層進化、分裂的繁瑣的過程中，還維持著精準優雅的時間節奏。

目前胚胎還看不出個體的模樣，但是緊接著在第4週複雜的大腦皮質逐漸發育，胚胎隱約成形，到了第6週胚胎的外形就有比較清楚的輪廓。在大部分的婦女介於6至8週發現自己懷孕時，胎兒已經長成如同縮小版的成人，

新生交響曲的第二樂章—胚胎小步舞曲感動落幕，沒有即興片段，完全繼承生物進化的諸多典範。

自婦女懷孕的第9週起，我們改稱他為胎兒，因為他會「動」，有了更接近生命本質的動能與知覺，歌詠生之美妙的最終樂章響起，在預產期38至40週到來之前，生命茁壯於子宮，把人生當成超自然信念之後，胎兒即將墜入人世 註2，義無反顧地展開他的人身壯遊。

占據胎兒身長比例中最大的腦部開始工作，指揮生命的主旋律。這時胎兒對電鈴、關門聲、狗吠等較大的聲音會有胎動或踢腿的反應，他們還會打嗝，彎曲身體。胎兒以一暝大一寸的速度成長，用每週進程歌頌即將誕生的喜悅。到了第10週小尺寸的胎兒在子宮尚有充裕的空間，他們在羊水中滑動手臂、抬腿，羊水由胎兒的口中吞進，母體的生理運轉聲並不寧靜，但是規律心跳卻一直是種陪伴，令胎兒安心。

到了第12週胎兒約有7公分長31公克重，開始有吸吮和轉動眼球的動作，感官中的嗅覺即將啟動，促進他的感官更加豐富，除了嗅覺，他的小味蕾也逐漸分得出媽媽食物的味道，媽媽吃蜂蜜，羊水有甜味時，他還會多吞上兩

□ 註3 。這時胎兒具備的感官知覺，已有能力回應外界，但是除了偶而動動手或蹬蹬媽媽的肚皮，胎兒大部分的時間都在睡覺。營養和睡眠是神經細胞發育的重要條件，胎兒有 90 ～ 95% 時間處於睡眠狀態，胎兒和成人一樣也有深睡和淺眠(REM)之別註4，為了讓他們有更好的睡眠品質，有些專家甚至建議孕婦減少工作份量和活動。淺眠時胎兒的眼球如作夢般的快速轉動，於是科學家推測胎兒很可能也會作夢，是夢見媽媽吃冰淇淋的香甜滋味，還是朗讀三隻小豬的故事。事實上，到底夢見什麼？恐怕連科學家們也只能猜測─內容是胎兒自己在子宮中的體驗，對於一個如此資淺的生命隱隱然反應意識與潛意識的流動，讓人不禁讚美夢境未來發展的無可限量。

跟蹤胎兒成長的科學家們發現到了16週大時，他們有強壯的心跳，皮膚有些半透明，重量約為124克、身長約

14公分，手、腳已清楚成形，在清醒時他們對子宮外的世界更加警覺。由於新型觀測儀器的發明，協助科學家們有能力偵測胎兒的聽力，推測聽力發展的狀況，進而發現胎兒的內耳在子宮著床的第20至25週幾乎發育完全，對一個需要38週孕育期的新生命來說，這樣的成長速度，實在令人驚訝。胎兒在聽清楚聲音之後，便開始聆聽、收集、記憶聲音，媽媽心臟的跳動聲、腸道的運作聲、血液的流動聲、人們說話的聲音，胎兒收集、記憶聲音，對照當中的差異，這讓胎兒有能力認出熟悉的聲音，同時記憶聽到聲音時所伴隨的情節，即使胎兒目前無法反應聲音的刺激，但是作為建立日後行為與感覺的資料庫，這絕對是一種明智的成長策略。

　　每一週胎兒按照某種造物的邏輯成長，規律地朝著可以預計的誕生日子前進。大約到了第24週胎兒能睜開眼

睛，看見充滿羊水的環境和自己的手腳、臍帶，他有模糊的視覺能力，比起聽力晚發育的視力是感官中最重要的領航員，未來偕同其他感官傳遞訊息輔助認知。這時胎兒已經熟悉媽媽的聲音，他更喜歡媽媽用誇張的語調朗讀故事，只要聽到喜歡的橋段，他會很樂意蹬一蹬媽媽肚皮給出回饋。接下來的時間，胎兒的外形不斷地長大，變得更重、更大，也更活躍。

　　時間進展到38至40週的預產期，胎兒不但擁有超過二百億個大腦神經元，對光線有反應，與媽媽互動更加緊密，科學家透過超級聲波觀察胎兒，發現他們在媽媽開心大笑時，會倒置在子宮內，上下跳動就像跳彈簧床一樣，媽媽有好心情，胎兒也會跟著一起嗨!註5 經由儀器偵測，我們知道胎兒在子宮內很活躍，在非睡眠狀態時也靜不下來，每小時移動達50次以上，他會動動頭或四肢、彎曲、伸展身體，在子宮中做胎兒版的柔軟體操。新生交響曲進入到最後一胎兒樂章，輕快的迴旋曲形式，洋溢著誕生的興奮之情，許多科學家相信在胎兒預產期的前2個月，靜待催產素的一聲令下，準備好向世界報到!

子宮幼幼班
聽力

在子宮的小教室中，胎兒的學習就從吵雜和黑暗中開始，進入一個由陌生到熟習，由簡到繁的認知過程，媽媽懷孕期間他是被動而警覺著的仰賴著發育中的感官，在黑暗中維持著注意力，聽力是他目前獲得外界訊息的主要來源，他聆聽外界的聲響，建構某些聲音之間的邏輯。胎兒和媽媽以幾乎同步的心跳聯繫著彼此，心跳是充滿生命力的聲音，是他安眠的搖籃曲，深深的銘記在腦海裡，未來也將以「點」的形式出現在他的塗鴉中，連接著胎兒在子宮中的回憶，誕生是美好的事，他感到無比的興奮，蹬了蹬媽媽的肚皮......

霍普金斯大學心理學家珍妮特・迪彼得羅(Janet DiPietro)描述她的觀察：將一個水中偵聽器置入子宮中，收錄到類似公寓背景的噪音，子宮不是一個安靜的居住環境。這些豐富的聲音很可能刺激了胎兒聽神經的發展，促成聽力的運作，胎兒生活在一個不缺聲音陪伴的狀態中，媽媽生理的運作聲、外界的聲音，這些聲音樣本提供胎兒聆聽與模仿，讓他慢慢認得周遭的聲音，並且在當中發現聲音的特性，作為他日後模仿的重點。

胎兒的聽力與認知是相輔相成。科學家通過監測胎兒心跳的變化，發現他們在聽到媽媽說話時心跳減緩，聽到

陌生人的聲音時心跳加快，熟悉的聲音令他們放鬆，所以胎兒不但記得聲音，還能分辨不同的聲音。作者早先的印象以為胎兒主修吃、睡和長大，其實不然，如果媽媽願意為他唱首小曲兒，或朗讀故事，出生後嬰兒再聽到同樣的歌曲和故事時，表現得更為平靜，更有節奏的吸奶，雖然目前沒有實驗證明胎兒聽不聽得懂內容，但是科學家已經證明嬰兒聽到熟悉的音律更放鬆和穩定，如果有人說胎教不可信？那他至少有一半的機率是夢囈。

　　胎兒的聽神經從媽媽懷孕的第9週逐漸發揮作用，持續地學習與記憶，他認得媽媽的聲音，出生幾天後就會模仿，他還不會說話，只好學著聲音的語調哭泣。事實上這是嬰兒獨特的溝通方式，讓他與媽媽連結在一起。研究者發現幾天大的新生兒以一種近似於父母語言的語調哭泣，法國嬰兒的哭聲會往上飄，發出一個明顯的上升音律，德

國嬰兒會模仿德國人說話的語調，他們的舌頭會抵住上顎發出一種下墜的音律，所以說新生兒哭得相當講究，哭聲是模仿語言的一種學習，是開口說話前的熱身運動。註6發育心理學家威廉•弗格爾 (William Filer) 觀察說：「胎兒很可能對聲音和故事的節奏做出反應，而不是對人說話的內容，但是結論是相同的，胎兒在某種程度上學會聆聽和記憶，並且和大多數的成人一樣喜歡熟悉、舒適、安心的聲音，傾向與周遭一切保持和諧的友善關係。」

　　由於胎兒優異的聽覺能力，有些推崇音樂胎教的孕婦把耳機直接掛在孕肚上，播放音樂給胎兒聽，在懷孕期間進行聲音胎教。聲音胎教有許多的擁護者，他們聲稱自己的孩子在音樂胎教下變得更聰明、更有音樂天分。當我們在Google搜尋「胎教」時，排序中出現最多的即是「胎教音樂」，其中以莫札特樂曲的數量最多。在1993年

神經科學家高登•蕭歐 (Gordon Shaw) 與同事具名發表了一篇《音樂與空間推理表現》的論文，提到古典樂曲的數學結構與大腦神經元電流活動模式有相似之處，喜愛音樂的蕭歐大膽地從這點推衍出一個假設：「藉著聆聽音樂的聲波可刺激大腦神經元，進而達到增益智力的效果。」在假設之後，蕭歐還找來音樂家一起做實驗，證明自己的推論，他試了幾種不同的音樂類型之後，發現莫札特樂曲最能與神經元產生共鳴。蕭歐在實驗用的曲子是莫札特D大調奏鳴曲，經由媒體披露而聲名大噪，商人把莫札特包裝成培養優生寶寶的快樂聯想，聆聽莫札特遂成為一門母嬰必修課。人類的進化意識驅動了渴望聰明子嗣的美好願望，無論實驗真相是否屬實，音樂胎教的效能是否誇大，在商人的推波助瀾下，音樂胎教成為流行而廣為人知，大部分的父母還是用金錢投了贊成的一票，讓音樂胎教推陳出新，歷久不衰。註7

另一個與聲音胎教有關的是日本鈴木音樂學習法，小提琴演奏家鈴木鎮一(Shinichi　Suzuki，1898~1998)為了提高日後幼兒學習小提琴的成果，計畫了一個長達數年的音樂課程，從媽媽懷孕開始讓胎兒聆聽小提琴演奏，倚重與媽媽的合作，營造一個積極學習音樂的後天環境，強化未來幼兒學習小提琴的動機。

　　還有不同領域的專業人士建議在固定時間刺激胎兒，用紙管戳戳胎兒、強光照射、聲音刺激，各種優生育兒的方法，嘗試提升胎兒的大腦發育。然而，弗格爾卻提出警告：戳刺、搖晃或以其他方式刻意刺激胎兒很可能會改變他原先發育的順序，倘若過度刺激造成大腦發育異常，日後便需要付出更大的代價。

　　我們可以想像過度刺激的手段就像跳過序曲，直接連上小步舞曲，要冒著改編後面目全非的風險。至於是否真能讓孩子更高大、更聰明、更有音樂天分，目前沒有長期的追蹤研究很難說，但是肯定胎兒自然的睡眠周期會受到干擾，如果你在嬰兒睡覺時輕聲細語，怕吵醒嬰兒，那又為什麼要去吵醒沉睡中的胎兒呢？難道胎兒會比嬰兒更不需要睡眠嗎？這不合邏輯。睡眠和覺醒週期常用來觀測胎兒大腦的神經發育，睡眠對胎兒健康成長是更為重要的，用過激的方法培育胎兒，極可能導致無法預測的結果。

　　如果你還打算吵醒午睡中的胎兒，不仿聽聽另一位心理學家貝瑞史•瓦茲(Barry Schwartz)的說法：「世界上沒有永無止境地增加，還能帶來永無止境地好處的東西，所有正面有益的特質、境況以及特質都有其成本，在達到高程度時，成本可能會大過其效益。」胎兒發育較早的聽

力，有必要成為刺激的項目？還是認清過猶不及，都不是合適的選項。父母與胎兒偶爾說說話，或在胎兒清醒時為他朗讀故事，可以幫助他熟悉、分辨聲音，建立與家人的情感連結，才是一種開低走高的親子活動。

視力

　　在一片黑暗中，我們的眼睛是無法發揮辨視功能，眼睛的感官能力需要借助光線才能進行，子宮是一個類圓形的黑暗空間，縱使胎兒的眼睛發育是從懷孕的第9週開始，倘若沒有光線支援，大部分的時間胎兒是看不到東西。研究人員在孕期的第16週用手電筒照射孕肚，發現胎兒能感知光線，光線太亮時胎兒會躲到母體的另一側避免刺激。確切的說胎兒有辨視能力要等到20週大，再大一點介於24至28週的胎兒就能睜開眼睛，有微光時可以辨視自己在子宮中的位置，他們的視覺神經纖細而畏光，這

時間要避免強光直射，所以孕婦並不合適做日光浴。

　　我們可以想像胎兒悠游在充滿羊水的子宮中，到了30週或許還要早些(臨床上有一個約24週大的早產嬰兒，被推測會分辨光線和形狀)註8，胎兒就能看見自己的手腳、臍帶和子宮內壁，但是他不認識手，也不知道腳，對於臍帶、子宮與媽媽的關係一無所知。除非是媽媽洗澡、做日光浴而露出孕肚，否則子宮中是黑暗的適合胎兒的視神經成長，相對於子宮內有豐富聲音刺激聽神經，視神經發展是緩慢的，眼睛更精確的色彩深淺辨色能力會一直持續發展至出生後的2至3年，視覺認知的下集即將在幼兒期才會逐漸完成進度，敬請密切期待。

　　胎兒是好動、好奇的用小手小腳探索子宮中的生活。哈佛大學醫學院的發展心理學家海德利塞●愛爾絲

(Heidelise　Als)描述：「胎兒在子宮內會用一隻手握住另一隻手，或摸摸自己的臍帶，或碰碰腳，握自己的腳，偶而還會做出舔子宮壁的搞怪小動作。」假設胎兒是先聽到，而後才在視覺、觸覺協助下用手去觸摸自己的手腳和臍帶，這些行為讓他每天過得既新鮮又有趣，手腳和臍帶看起來不太一樣，他好奇想要知道更多，又用味覺「舔」的方式探索，每個動作都涉及聽覺、視覺、觸覺與味覺的體驗，感官偕同行為所傳達的認知企圖，似乎在新生命在一開始就自然連結。

感官感覺

　　當胎兒接觸到外界，感官做為第一線的前鋒，率先做出反應。胎兒在子宮中聽見媽媽對他說話時，蹬了蹬媽媽的肚皮，由聽覺感官啟動蹬腳的行為，或是新生兒伸手抓住正在接近他視線中的絨毛玩具，由視覺感官與手做出動作，類似上述感官感覺協力行為的情況，在出生前後都有無數的例子。在生命最初階段還談不上心智，大部分的行為是感官受到刺激後的反應，這真是行為主義者的開場榮耀，但是，只有幸運的上半場。對於人類這種高級哺乳類來說，行為是越來越複雜的多面向互動、牽制與消長，外在的刺激只是個楔子起了頭，等到感覺、經驗、思想等在關鍵的時間加入後，下半場的布局，會更有看頭。

行為主義的概念，啟發作者的靈感在嬰兒面前塗鴉，刺激他的視覺，來引起模仿握筆塗鴉。在嬰兒第一次塗鴉時，他茫然無知，塗鴉較少圖像本身的意義，比較傾向是感官刺激後的行為反應。一旦嬰兒經過多次塗鴉後，刺激、感覺、經驗就在後續塗鴉中產生了綜合變化。參考澳洲籍哲學系教授使彼得•戈弗雷•史密斯(Peter Godfrey-Smith)在他書中的解釋：「對於像你我這樣的生物來說，下面這些應當十分熟悉。你的下一步動作，會受到你現在感覺到的東西所影響；而你之後所感覺到的，則會受到你現在的作為所影響。你閱讀，翻頁，而翻頁的動作會影響你看到的內容，感覺和行動互相影響。」註9人類是聰明的動物，有從經驗中學習的能力，有多元性的應變能力，還會將經驗與多元能力連結。表面上看起來，嬰兒還是畫相同的線條，但是嬰兒隨著每日不斷地塗鴉所獲得、收集的經驗，即使還是畫相同的線條，他已經充實了資料庫，整合新舊的經驗，他的認知狀態與最初塗鴉已不相同了。

經驗與認知

在一次聚會中世紀女詩人佩里•諾拉(Nora Perry)問在場的文人雅士：誰最了解兒童？與會的人不約而同都回答：尚•皮亞傑(Jean Piaget，1896~1980)。這也許是資深文青界流傳的冷笑話，不過也不算太偏離事實。皮亞傑是

瑞士籍的心理學家，因為細心謹慎的觀察、研究三位兒女勞瑞、露西納、賈桂琳，而增進大眾對兒童的認識。美國實驗心理學家埃德溫•波林(Edwin Boring)註10更是大力推崇，認為皮亞傑的認知發展理論，和佛洛伊德的人格、異常行為研究，在心理學上具有同等的重要性。

　　皮亞傑增益了人們想像中的兒童，他發現兒童天生有主動求知和義無反顧的探索精神，由於這種天性導致知識並不只是單向從外界的環境流入兒童的心中，而是他們積極建構屬於自己認知的世界。依據他的觀察(兒童)個體在組織(Organization)和適應(Adaptation)兩項基礎下進行對世界的建構，好比我們組織經驗去處理所面臨的情況，就像在《小王子》註11裡的6歲主角畫了一幅蟒蛇吞大象的畫，這幅畫是兒童連結一個想法(蟒蛇)至另一個想法(吞大象)畫出來的，卻被成人們認為是在畫一頂帽子。成人們看不出兒童的本意，他只好重新再畫一幅新的畫，把大象清楚的畫在蟒蛇的肚子裡面，兒童不是只有組織自己的觀察和經驗，同時也調整想法去包容新(成人)的部分，新畫的圖形解釋了兒童面對外界的一種適應方法。

　　皮亞傑再補充說明人的適應方法有同化(Assimilation)與調適(Accommodation)兩種，同化發生在人合併新的

成人們認為小男孩畫的是一頂帽子。

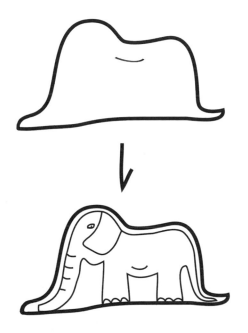

他只好把大象清楚的畫在蟒蛇的肚子裡面。

知識到他既有的，調適則由人去順應新的知識。我們觀察子宮中胎兒的行為，也有相似之處。心理學家透過儀器發現胎兒會舔手指、舔子宮壁，舔東西是子宮中胎兒認識東西的方法，胎兒經過舔的嘗試後，他才知道分別物質的差異屬性，發現有些東西可以舔，有些東西可以吞，而採取舔或吞的不同行為，決定舔手指、吞羊水。舔好比是胎兒在子宮中一種認識東西的方法，對手指、子宮壁和可接觸到的東西用舔來認識，胎兒經由舔的行為收集經驗，而後才能產生內在的認知。我們無法計算胎兒是在舔了多少次，吞了多少羊水之後才學會去分辨，做出舔或吞的行為，他們的感官體驗是一種作為無知到認識的基礎，經由體驗才感覺差異，而記住了差異，才有能力採取行動，或者說是經驗幫助胎兒，作出同化或調適的決定。

　　起初胎兒移動四肢、伸展身體、有時還會上下跳動，

在子宮內行走，隨著身體的成長胎兒的活動漸漸變多，這些胎兒在子宮中的動作，一般相信是人類歷史源遠流長的集體潛意識，一代接著一代由遺傳基因交接給子嗣，讓與生俱來的遺澤啟動子宮內胎兒的行為，引導他們認識所處的環境，順著感官的本能，用味覺(舔吞)，體覺(移動觸摸)認識子宮，胎兒學會分辨媽媽的聲音，避開強光，比我們想像中更早決定子宮中的愛憎表─胎兒喜歡聽故事、喜歡冰淇淋、喜歡黑夜、喜歡盪鞦韆，胎兒討厭狗吠、討厭辣椒、討厭太陽、討厭被吵醒，在胎兒懂得思考之前，學習與認知早已是子宮生活的一部分。

如果我們用一條水平線來表示人的認知發展，位於最左邊的標示起點是受精卵，隨著時間逐漸往右移動增強認知，來到最右邊的標示是成人，由於子宮環境的封閉和隱匿性，需要借重新儀器探測，胎兒的認知在子宮中

隱隱地進行著，不易被觀察。但是科學家對子宮中的新生命一直都很好奇，美國心理學與幼兒發展教授安德魯•梅哲夫(Andrew Meltzoff)在1977年對著平均年齡72小時 (最小的只有42分鐘大)的40位嬰兒吐舌頭時，奇妙的事情發生了！沒想到嬰兒也朝著他吐舌頭。這個充滿趣味的實驗所發現的新事證，宣告了人類在一出生就懂得模仿，模仿為學習創造了捷徑，是行為的其中一種。人類與生俱來的模仿能力，很可能是諸多感官能力都不如動物們　補充1，而得以駕馭世界的立基。梅哲夫的發現更早於皮亞傑的說法：嬰兒8至12個月大可達到臉部模仿。在上個世紀對於新生兒如同一張白紙的看法，修正到更精確的版本，影響後續的教養，也間接促成作者引導嬰兒塗鴉的方法。長久以來，我們以為胎兒在出生後才開始學習，事實上他們的學習早在子宮中就開始，只不過教室小了點。

推薦閱讀

1. 《章魚•心智•演化》，彼得•戈佛雷•史密斯(Peter G
-odfrey Smith) 著／王惟芬 譯，紅樹林出版
   戈佛雷•史密斯是作者母校紐約市立大學特聘的哲學系教授，同時也在雪梨大學任教。本書在2010年獲得科學哲學界最富盛名的拉卡托斯獎(Lakatos Award)的榮譽。每個人生下來逐漸內建對世界、對人的代表模

式，我們是根據那個模式來選擇和行動。這本書以章魚來解釋訊息的產生，和模式建立的過程，說明模式的重要性，它在各種面向影響我們，和對各種人事物的排序，全都是根據那些模式來評估。

2. 《媽媽我記得你》，池川明 著／連雪雅 譯，采實文化

日本醫生用一種神話等級的浪漫語句，描繪胎兒在母體的記憶，那些遠遠超出科學儀器所能偵測的內容。

註解

註1．蘇格蘭作家湯瑪斯•卡萊爾(Thomas Carlyle)名言

註2．這段文字改寫自劇作家佛萊的陽光庭園對白： 我們在長久待某地，把人生當成超自然的信念之後，我們卻墮入人生。

註3．美國的生物心理學家朱莉• 孟妮拉(Julie Mennella)指出：在出生的前3個月，胎兒吞嚥高達一公升的羊水。

註4．霍普金斯大學對胎兒的研究報告指出：在REM睡眠期間，胎兒兒的眼球就如成人一樣的來回移動，研究人員推測胎兒正在做夢，夢見他們所知道的事。

註5． *Fatal Psychology / Psychology Today*

https://www.psychologytoday.com 哈佛大學醫學院發展心理學家海德利塞•愛爾絲 (Heidelise Als) 致力於改善早產兒的環境，希望能讓他們如同在子宮中的環境成長。

註6‧ *Newborn Babies May Cry in Their Mother Tongues*‧*Science New*‧December 6‧2009 由腦科學家與語言學家觀察60位新生兒的哭聲‧其中30位來自說法語家庭‧另外30位來自德語家庭‧發現新生兒對語言語調和旋律相當敏感‧有能力以哭泣模仿媽媽的語調。

註7‧《聽莫札特真的會變聰明嗎？》遠見天下文化事業群 https://bookzone.cwgv.com.tw/topic/details/10372

註8‧p104‧*Child Development*‧John W. Santrock‧Brown & Benchmark Publishers

註9‧p98‧《章魚‧心智‧演化》‧彼得•戈佛雷•史密斯(Peter Godfrey Smith) 著 / 王惟芬 譯‧紅樹林出版

註10‧埃德溫•波林(Edwin Boring)是哈佛大學心理學教授

註11‧《小王子》‧聖修伯理(Antoine de Saint-Exupéry) 著/ 李淑貞 編譯‧九儀文化出版

補充

補充1‧人類胎兒的聽力發展優異‧但是在自然界中的排名仍舊敬陪末座‧輸給蝙蝠、大象和老鼠等‧別懷疑連狗也只能勉強擠上第六名。事實上‧在動物界中‧人類包含視覺、嗅覺的感官能力表現得並不好。

第2章大腦與塗鴉

大腦是人體最重要的部分，

神經元以用進退廢的原則增減，

不論是自然成長或刻意培育，

都會影響大腦中的神經元。

3 歲前是人一生中大腦的關鍵期，

把握時機引導嬰兒塗鴉，

助益大腦發展。

未知的某物正在做些我們不知道是什麼的事物。

亞瑟•艾丁頓爵士 (Sir Arthur Eddington) 物理學家、數學家

　　站在收銀機前，你多快算出找回的零錢？面對黃燈，你多快決定過馬路？接住球，你多快投籃？這些疑問只需要幾百毫秒在大腦中處理完畢，更正確的說是從幾十毫秒到幾百毫秒的時間，大腦中的神經元在一到一百毫秒內可以同步發射，快速處理進入大腦內的訊息，效率如此驚人的大腦有一千億個神經元隨時待命(每一個神經元容納6000個突觸)，只有1.36公斤，只需要一個約20瓦燈泡的消耗功率，堪稱是世上最省電的超級機器，大腦更神奇的是在我們毫無所悉的情況下悄悄地完成任務，讓人連讚美的語言也來不及說。

大腦的面貌

　　Brain是英文的大腦，Mind是英文的心，有時也會被翻譯成大腦、頭腦、心神和心智，這些字詞讓人理解到大腦功能的範疇，Brain和Mind有重疊的部分，有時Brain也被稱作心智，由於大腦中存在一個太過神祕的空間，很難用簡單的

字詞來說明，任何的解釋都只觸及冰山一角。

　　人類有能力從最小單位的神經元去研究大腦活動，是拜霍普金斯大學教授弗農‧蒙特卡索(Vernon　Mountcastle)發現的微電極所賜，它能感測約千分之一秒的微電流，偵測神經元彼此傳遞的電流訊號，發現大腦內不為人知的隱匿活動。蒙特卡索用微電極去觀察神經元，單個神經元分為細胞體(cell body)、樹狀突(dendrite)、軸突(axon)部分，它們各司其職，由細胞體負責維持神經元的營養與壽命，樹狀突負責接收其他神經元傳來的訊號，讓軸突把訊號再傳出去。

　　每次神經元接收到訊號，都可能使樹狀突更活躍，特別是在人受到刺激或學習新事物時，樹狀突就會向外長出新的樹狀突，如同一棵樹從主幹冒出新的枝芽，有收到刺激的樹狀突會擴充它的範圍，相反的沒有接收刺激的樹狀突就不

活躍，縮減它的範圍，長時間缺乏彼此聯繫的神經元便會斷開樹狀突的連接。這就好像我們學習一項新的技能，常常練習就會熟練，偶而練習，樹狀突雖然有聯繫，但技能並無法精進，一旦停止練習就中斷樹狀突的聯繫，斷開神經元彼此的連接，久而久之技能就荒廢，這就是大腦神經元「用進退廢」的原則。

突觸超連結

　　神經元能在很短的時間收集足夠的電流，啟動補充營養與收發的訊號，隨後連繫數千百個神經元一起行動，並且聯絡突觸(synapse)，突觸是神經元與神經元傳遞電流和化學傳導物質的特異性接頭，每一個神經元約容納6000個突觸，它比樹狀突更小，負責訊號的收發，和連繫附近神經元的樹狀突 註1。由加拿大心理學家唐納•海伯(Donald Hebb)證實當人們學習新事物也會使神經元產生新的連結，每當兩個神經元持續同時發射，這兩個神經元就會有化學反應，而緊密的連結在一起，變成一同發射訊號的夥伴神經元。

　　依據諾貝爾生醫獎得主傑拉德爾•艾德曼(G.　Edelman)在2000年的說法：大腦皮質約有三百多億的神經元，可產生一千兆個突觸連結。如果試圖計算所有的連接，我們看到的將會是超級天文數字，十後面至少有一百萬個零 註2。

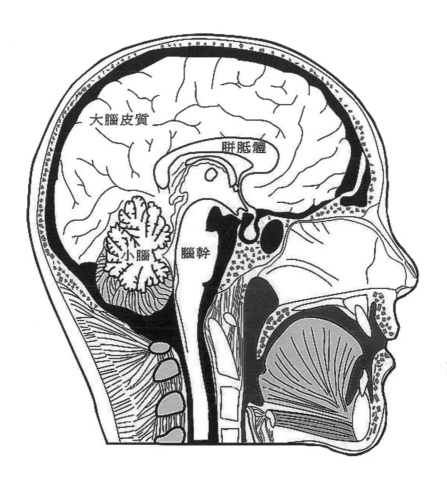

亞洲人平均頭圍約56.65公分，男性的頭圍較女性的大2.5公分，頭部是儲存大腦的容器，心智透過其中的神經元運作，艾德曼的數字與頭圍尺寸，描述了神經元大軍的超級數量，事實上，千軍萬馬的突觸在極短的時間內分工合作，同步傳訊，才是情節中最振奮人心的橋段。

　　每當我們談論人的行為時，我們談論的其實是隱藏在樹狀突與軸突之間的突觸行動，由突觸傳遞的訊息啟動了行為，包含人心理的處理(內心戲)與行為的處理(實際動作)，所有內隱與外顯的廣義行為。突觸接收到刺激就會傳遞訊號，促成處理的行動發生，沒有收到訊號，處理的程序便不會啟動。

　　在正常的情況下大腦是仰賴原有的神經元，刺激、活化、擴充原有的神經元來達成學習的效果。但是醫生們從

臨床上的個案也發現大腦有可塑性。神經元在遭逢病變、外力破壞時，只要人樂觀面對，積極復健、學習，便有可能因刺激，而活化大腦神經元，讓樹狀突再長出新的部分，促成突觸新的連結，調整出應變的新模式。可塑性讓神經元有更新，或再次活化的新希望，還記得在電影《侏儸紀公園》裡的一句經典台詞「生命總會找到它自己的出口 (Life will find its way out)」，樹狀突、突觸也一樣會找到新的連接，大腦可塑性是造物者送給樂觀人們的恩典，神經元並非一成不變的，而是看我們如何激勵它，讓它發揮最大的效能。

自然與培育

　　對於教育者來說，嬰兒大腦中的突觸是他未來自然成長或培育影響的標的，在這當中突觸數量是重要關鍵。由於可塑性在生命的初期最大，不論突觸收到培育的訊號，或是沒有收到訊號，從結果論來看突觸被影響都是必然的，因為培

育嬰兒需要送到大腦中由突觸傳訊來實現，自然成長同樣也要去影響突觸的訊號。因此，對大腦中的突觸而言，不論是培育或自然成長並非兩件不同的事，而是相同的兩種方法，都需要影響突觸來達成。紐約大學神經學教授喬瑟夫•勒杜(Joseph　LeDoux)用了一個容易理解的方式比喻，他說：「不論薪水支票是自動存入你的銀行帳戶，或是由你親自交給櫃檯行員存入，都是殊途同歸，培育與自然不過是存入腦部突觸總額的兩種方式。」 註3 培育是種教養，自然又何嘗不是另一種教養，兩者最終都要影響突觸。原本以為是兩種完全不同的主張，送進大腦交給突觸就是按部就班的工作。

　　人們傾向使用二分法說明事情，用精簡文字命中核心。美國育兒專家艾利森•戈普尼克(Alison　Gopnik)把培育與自然成長比喻為木匠和園丁。她說明一位像木匠的家長，會去計畫木料適合做成什麼樣的器具，他鑿掉、削減多餘的部分，以成就木料本身的美好。木匠家長會幫孩子擬定計畫，亦步亦趨地帶著孩子朝向美好的藍圖前進，孩子將成為木匠家長心中理想的樣子。另一方面，一位像園丁的家長，照顧花園裡的一草一木，他深知氣候、病蟲、土質影響植物。所以，無法控制植物生長的樣子，於是他讓植物有自然成長的空間，園丁家長會提供一個讓孩子成為他自己的環境，讓他的天賦發展。艾利森的比喻生動地說明培育與自然的差異，

以及背後所屬華生的行為主義和盧梭的自然主義的影響。

　　你可能會懷疑木匠與園丁是否簡化了教養模式？人的情感可以產生不合邏輯的衝突，在尋找解決方案之前有一連串的可能、增減、權衡的演練過程，有沒有其他的選項是一個既是園丁偶而兼職木匠的家長，或者正好相反的情況。家長所選擇的教養模式，隨著孩子的年齡、健康、個性的變因加入後，教養原則碰撞真實場景時又該如何取捨？美國記者潘蜜拉•杜克曼(Pamela　Druckerman)在《為什麼法國媽媽可以優雅喝咖啡，孩子不哭鬧？》註4　書中，運用現實生活中的例子，討論盧梭式的法式教養和行為主義影響的美式教養之間的鴻溝，她總結園丁或木匠教養的原則，其中的重要關鍵是家長實踐原則的深度。如何忠於教養原則本身，去貫徹執行的方法，或是在因教養導致的衝突中取得共識，是比成為一位專職木匠或園丁更需要智慧的事。

培育的效益

　　以突觸的角度培育與自然是相同的。接下來，我們所面對的疑問是培育的客觀效果如何？1871年達爾文比較被關在空無一物（沒有提共任何玩具，缺乏遊戲刺激）籠子的兔子，和草原上的野兔大腦，發現籠中兔比野兔小了約15%~30%。此外，加州大學柏克萊校區的教授馬克•羅森威

格(Mark　Rosenzweig)著名老鼠實驗也證實，生活中有小轉輪、球、玩具，能玩遊戲的老鼠比貧乏環境長大的老鼠，經切片檢查大腦後比對，有豐富遊戲刺激老鼠的大腦比較重，神經傳導物質和血管密度都比貧乏環境的老鼠好，後續由科學家所做的更多動物實驗也獲得相似的結果。

　　動物實驗證明外在的刺激(老鼠玩遊戲、草原野兔有豐富的環境)，增益動物大腦發展的紅利，對人類的研究也反映相似的結論。美國精神分析學家雷內•史匹茲(R.　Spitz)比較二戰期間跟著媽媽在監獄中的嬰兒和在育幼院長大的嬰兒，發現育幼院長大的孩子智商較低，比較不能控制自己的情緒，會一直搖晃身體做出奇怪的手勢。這個部分作者也有相同的經驗，曾經有一年的時間作者在社福機構擔任義工，在那裡少數的孩子是孤兒，大部分的孩子來自單親，親人無力照顧。社福機構由鐵柵欄分隔公眾與兒童兩個空間，在兒童空間中只有床和塑膠溜滑梯，約7個月至3歲大的35～40個孩子通通被安置在鋪設軟墊的環境。負責照顧的阿姨人數少，相較於有媽媽照顧的孩子，他們被關注的時間相當有限，孩子們會搶奪零食和玩具、打人、比中指。訪客參觀時站在鐵柵欄外的公眾空間，慰問或發些零食給孩子。為避免爭吵，照顧阿姨幾乎不讓孩子玩玩具，也為環境整齊和安全顧慮，大部分的孩子不被准許拿筆，沒有機會塗鴉。

小姍第一次塗鴉。

15個月大的嬰兒已經懂得控制筆塗鴉。

　　作者曾經引導年齡2至3歲的孩子塗鴉，他們表現出高度的意願，興奮地抓筆就畫。3歲的小姍是其中一位女孩。當電視機播出兒歌時，小姍會跟著旋律跳舞，肢體非常靈活，節奏感很好。第一次塗鴉時，小姍選擇紅色的筆，小心翼翼的畫出像似寫1的線條，接著又穿插一些鋸齒線。小姍與同伴、照顧阿姨的應對，讓大家感覺她是個聰明的孩子，但是小姍沒有機會塗鴉，雖然從寫1的線條中發現她已有不錯的手眼協調力、控制力，但是還落後3歲可以畫出一個獨立圓形的進程。這是由於環境所造成的影響，讓這個孩子的塗鴉落後來自穩定家庭孩子的真實案例。

　　有同伴、玩具和充足食物的老鼠，有豐富的感官刺激，這些老鼠的大腦突觸比沒有同伴和玩具的老鼠多了15%，豐富的環境刺激老鼠大腦發展更優異。這個概念影響幼教非常深遠，市面上的童書與益智遊戲不外乎都是基於提供大腦更豐富、更多元的刺激而設計的。作者建議嬰兒塗鴉也是一種刺激大腦成長的概念，10幾個月大的嬰兒在語言、活動能力相對受限制下，除了選擇繪本、認知圖卡、字母積木，讓嬰兒塗鴉是相對安全而廉價，助益大腦發展的活動。

大腦關鍵期

　　幼兒期有一段時間，神經元對外來的光和聲音刺激非常

敏感，由於突觸需要刺激才會發送訊號和連結，所以在這段時間突觸的可塑性最大，對任何學習都有事半功倍的效果。這段時間由二十世紀的神經生物學家定義為「關鍵期(critical period)」。科學家更進一步發現語言（關鍵期為出生至3歲與20歲）、聽覺(關鍵期為出生至10個月大)、視覺(關鍵期為出生至8個月大)的能力都有所屬的關鍵期。

　　關鍵期是由大腦中一種會分泌GABA的神經元「小清蛋白巨大籃狀神經元(parvalbumin-positive large basket cell)」所調控，它能穩定嬰兒過度興奮、敏感的神經元狀態，抑制它不傳出混亂的訊號影響行為。新生兒大腦中約有一千億個神經細胞，還有天文數字的突觸，面對這麼巨量，又敏感的有機體，倘若沒有控管機制，一味放任神經元接收刺激而欣喜若狂、雜亂放電，那會製造多少歇斯底里的小惡魔。相信你看過為了小事不舒服、情緒失控，在公共常所放聲尖

叫、哭鬧的幼兒，這個舉動很接近神經元失控的大合唱，幸
好在關鍵期有小清蛋白巨大籃狀神經元負責管控，冷靜異常
興奮的神經元，它會在發生異常瘋狂的神經元周圍包覆成籃
子狀，用延伸的軸突來抑制狂飆的神經元，維持大腦內正常
運作 註5 。小清蛋白巨大籃狀神經元是幼兒在關鍵期效率學
習的原因，它讓神經元大軍有效率地順利接收與傳遞訊號。

　　關鍵期到底有多重要？我們從1970年美國所發生的悲劇
獲得肯定的答案。當時洛杉磯的社工發現一位女孩吉妮，被
疑似患有精神病的父親綁在特製的椅子上，關在後院的小屋
長達13年。小屋裡的特製椅子附有便盆，吉妮吃喝拉撒睡都
在椅子上。除了父母，吉妮沒有見過任何人，父母未曾與吉
妮交談，她被發現時不會說話，走步拘謹，心智如同8個月
大的嬰兒。語言學家每週替吉妮上五天課，但是她仍舊弄不
清楚文法，即使後來由社工輔導，吉妮還是無法說出正確的

文法句子。

　　科學家認為吉妮已錯過語言發展的關鍵期，在新生兒出生後有兩個極為重要的語言發展關鍵期，分別是3歲與20歲。過了關鍵期，突觸會主動斷開長久沒有被使用的連結。吉妮被綁在椅子上，父母從不和她說話，沒有任何交談的刺激，更說不上學習，吉妮大腦中和語言文法相關的突觸，在長期沒有使用的情況下被斷開，而後社工人員努力補強文法，也沒有辦法修復，吉妮錯失學習語言的關鍵期，再也學不會英語文法。她被轉介到療養院生活，直到她的第二個關鍵期(20歲)時，也補償不了先前所受的傷害，無法達到均值的語文表達能力。惡劣環境限制吉妮大腦的發育，讓她永遠失去了機會。從吉妮的案例可知道3歲關鍵期的影響遠大於20歲關鍵期，突觸一旦被斷開、剔除、定型，大腦可塑性就剩下丟骰子碰運氣的機率了。

　　另外，台大醫學院李立仁教授在演講中也談到：「在新生兒大腦中的一千億個神經元會逐漸減少，但突觸卻會增加。突觸在新生兒出生時還沒有完全形成，而是從0至3歲逐漸形成，在3歲幼兒的大腦中約有一千兆個，是突觸形成的高峰期，估計每秒有兩百萬個突觸正在形成中。有的突觸形成，也有的突觸被移除，大概一半左右的突觸會被移除，

嬰兒塗鴉屬於一般練習，是運動和遊戲的複合行為。

這個移除和穩定是一種選擇性保留，或者說用進退廢。」註6不論是2歲前被領養的孤兒智商發育正常，或3歲定終身的諺語，從科學和習俗面向都說明了關鍵期的重要性，錯失關鍵期，對神經元、突觸影響甚大。所以提供嬰兒良好的培育環境，對孩子來說是必需的，讓他一生受益無窮。

右腦與塗鴉

　　在牛津大學1997年發行的大腦期刊中，有一篇關於《右腦半球主導人類嬰兒期》的研究，報告中指出：「在幼兒期左右腦是不相同的發展時序。科學家透過動態單光子發射斷層掃描儀，觀察幼兒安靜時的血流量變化，以及對父母們的問卷調查，採非侵入性的方法研究。從新生兒的第1年就開始觀察，測量1至3歲幼兒大腦後關聯區的活動，科學家發現幼兒右腦的血流量明顯較左腦大，顯示左右腦發展的不同時間，順序上是由右腦先發展再左腦。因此，右腦的空間、

圖像能力更早發揮其功能，接著左腦的後關聯區中皮質區的語言能力才發展，直到幼兒3歲半前都保有右腦先發展的優勢，這種發展上的特殊現象，在3歲之後才逐漸移轉到左腦。註7

　　許多科學家對大腦的觀察，主要交集的論點是生命初期左腦與右腦不相同的發展進程。2007年多倫多大學神經醫學教授諾曼•多吉(Norman Doidge) 在《改變是大腦的天性》書中提及：「左腦一般來說處理語言，用邏輯的歷程分析問題。嬰兒右腦比較大，這個優勢一直保持到2歲生日過完，而這時左腦才開始它生長的衝刺期，所以在生命的頭3年，是由右腦主控著大腦。」主張右腦開發的日本學者七田真也是上述觀點的支持者，他認為：「從胎兒期0至3歲是以右腦為主的階段，到了3至6歲階段，頭部的作用移轉到左腦，從6歲開始就和成人的大腦一樣（2012）。」註8神經科

學家艾克納恩•高伯德(Elkhanon Goldberg)用另一個角度說明右腦對幼兒的重要性，他說：「在小兒神經外科醫生的臨床經驗中，很小的孩子，一旦右腦受傷會有很嚴重的後果，而左腦受傷則比較不會有太大影響。然而這些觀察與成人腦傷的現象剛好相反，對成人來說左腦通常被稱為主控腦，特別重要。神經外科醫生通常不願意對成人的左腦動手術，擔心影響他的語言能力，從另一方面來說，右腦常被認為比較不重要，以前的教科書將右腦稱為輔助的腦......而這兩個半球有某種功能的移轉，發展時由右腦換到左腦。」註9

　　嬰兒的塗鴉時間，正處於右腦優勢的發展期，塗鴉時會將右腦的特質發揚光大，但是在這之前孩子的身體還需要些時間成長，他們的手握住筆，但是還沒有足夠的穩定度去控制筆。嬰兒仰賴正在發育中的感官，去體驗形象、聲音、味道、觸感進行感官經驗的收集。哈佛大學的藝術心理學教授魯道夫•安海姆(Rudolf Arnheim)在一篇文章中談論到人的視覺思維說：「知覺與思維相互需求，它們相互完善對方的功能。知覺的任務應該只限於收集認識的原始材料，一旦材料收集完畢，思維就在一個更高的認識水平上出現，進行加工處理的工作。離開思維的知覺是沒有用處的，離開知覺的思維會失去內容。」註10

　　安海姆的說法驗證在嬰兒塗鴉中，可發現知覺運作的痕跡。剛開始塗鴉，嬰兒需要認識、熟悉紙筆的功能與操作方法。藉著每次塗鴉他收集視覺和觸覺的經驗，這些感官感覺豐富了他的資料庫。最初嬰兒忙著模仿成人的動作，他握住筆畫在紙上，卻還不知道施加力量在筆上，畫的線條是懵懵懂懂地用筆拖出來。大約經過一段時間，也許幾週、幾個月，塗鴉內容隨著嬰兒每日的練習而產生變化。每一次塗鴉嬰兒都在收集思維材料，當他聽到成人口中說「畫畫」而抓握筆塗鴉，逐漸形成對塗鴉的認知，待他有意識控制筆，畫線條在紙上時，他才算真正體驗了塗鴉，塗鴉的經驗才會如實地納入嬰兒的心智，思維孕育的種子由此開始萌芽，右腦的直覺與藝術性在日後即將展示出來。

　　作者曾經詢問家長們何時注意到孩子的塗鴉，他們回憶孩子大量畫出玩具、昆蟲、物件、生活情節約在4、5歲左右。對照阿諾德•格塞爾(Arnold L. Gesell)的幼童塗鴉參考評量：兒童大約3歲會畫圓形、4歲會畫矩形、5歲會畫三角形。所以，我們知道4歲至5歲幼童運用上述幾個造形，已能隨意組成形狀，表現各種內容，這個時間約在右腦不對稱性發展逐漸移轉至左腦的後期。4歲、5歲幼童擁有特別清晰的心像，假如這時候孩子喜歡昆蟲，孩子的右腦記住了昆蟲特殊的外輪廓、角和甲殼的形狀，右腦協助他畫出一隻

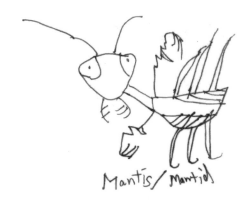

Mantis / Mantid

比畫人還要大的昆蟲，有令人讚嘆的細節和造形特徵，好像那隻昆蟲就在他面前一樣。孩子畫出所感覺的，所想的，而不是寫實的昆蟲。這時左腦的理性被感覺、感情所遮掩，不去比較昆蟲與人的大小，而是遵從孩子自我為中心的主觀感覺，放大畫出他喜歡的昆蟲，這些右腦擅長的圖像能力、創造力，在6歲以前影響著孩子，輕易畫出獨一無二的佳作。

　　人類學家從大腦左右兩側不對稱的組成，推測左腦與右腦分別擅長儲存與應變功能，神經科學家艾克納恩•高博德(Elkhanon Goldberg)在論文中也談到：左腦所屬的習慣與右腦所屬的新奇是非常不同的兩種特性。左腦與右腦在兒童塗鴉時，需要互助才能完成任務，可別以為左腦一直無事可做。神經科學家邁克爾•戈薩尼加(Micheal S. Gazzaniga)形容左腦是「為事件和情感經驗尋求解釋的器官」。當幼兒畫出圓形代表一顆蘋果，或是畫矩形加上四個圓形當成車子

恩恩的昆蟲塗鴉

時，左腦的邏輯與分析能力是默默的給出自己的貢獻。

　　由於嬰兒與成人的大腦不同的進程，彼此對塗鴉的視點不同，未來孩子將從自我為中心的思考模式慢慢調整去順應外在的世界。等到他也長大後，左腦與右腦發展相當，他對世界的寫實看法將會主導他的塗鴉，長大後的認知也影響他對二度空間塗鴉的質疑，進而朝向寫實的描繪。成長讓孩子改變，讓他的塗鴉和兒童期不再相同。那些充滿奇異造形、天馬行空的塗鴉將不復見，理性與邏輯讓孩子不再像小時候一樣的塗鴉。在認識大腦發展之後，或許身為成人更應該讓孩子畫他想要畫的，不需要急著去提醒他觀察事物，去畫得像真正的事物，因為那是眼睛和手未來的任務。

鏡像神經元

　　當我們在新聞事件中，看到別人不好的遭遇會有些難

過，然而，那畢竟是別人的事情，為什麼我們會跟著有情緒呢？因為人類是感情的動物，所以引發人飢己飢的情懷？還是基因的影響？上面兩個推測都不算正確的答案。真正的原因是大腦中有一些神經元會協助我們，懂得他人的悲傷，感同身受他人所面臨的遭遇。

　　這些神經元讓我們看到籃球員投出三分球時，好像我們自己用力的把球拋出去一樣的興奮。在我們的大腦中儲存投籃的情景模式，這個模式把身體的肌肉和動作打包在一起傳訊給特定神經元，好讓我們在看球賽時身歷其境，跟著籃球員一起投出三分球。不只如此，這些神經元在我們看偶像劇時也很忙碌，每當戀人久別重逢時，我們便移情到劇中的場景，跟著付出眼淚和鼻涕。科學家認為這些特定的神經元很可能是人類同理心、同情心的基礎，讓我們能與他人產生連結，感受他人的心境，引發喜惡的共鳴，這些神經細胞有個很特別的名字叫做鏡像神經元(mirror neurou)。

　　科學家比喻鏡像神經元就好似在腦海映照他人行為、心情、感覺的一面鏡子，有了這面鏡子，我們可以模仿他人的行為，理解他人行為背後的意義，以及推測在行為表象之後潛藏的可能性動機。鏡像神經元為我們提供了一個路徑去觀察他人，把他人變成自己。另外一方面，鏡像神經元的模仿

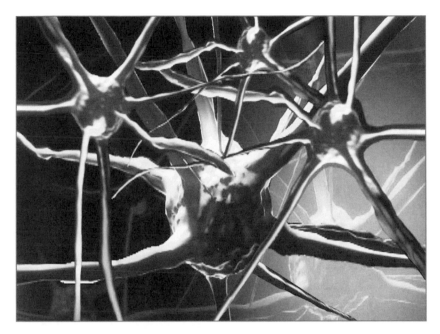

在大腦中有一種鏡像神經元(mirror neurou)可能是人類同理心、同情心的基礎。

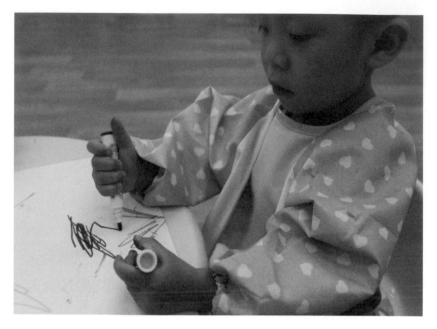

初期不論孩子用哪一隻手塗鴉？都不是合適的時機去更正。

機制，也為我們創造了一個站在巨人肩膀上的捷徑，教我們透過模仿來學習，把模仿當成學習的一種快速入門方法，簡化複雜的Know-How步驟，用優雅的姿勢快速掌握「像不像三分樣」的複製祕訣。

帕馬大學的神經生物學團隊借重獼猴大腦新皮質與人類相似，推論人類大腦。神經生物學家維托利奧•迦列賽(Vittorio Gallese)在獼猴的腹側前運動皮質中安置微電極，研究獼猴專門控制手和嘴的神經元。在一次實驗中，迦列賽伸手去拿了某件東西，這時連接獼猴的電腦突然發生反應。實驗室裡的獼猴是安靜的並沒有任何行動，但是和獼猴手拿東西的神經元卻反應了。這個意外的非實驗，是科學家們在二十年後找到鏡像神經元的楔子，指出大腦主司運動的神經元與意圖之間的關聯。鏡像神經元發現者之一的迦列賽說：「容許我們直接推論別人心靈的基本機制不是概念推理，而是通過鏡像神經元直接模擬所觀察到的事件。」 註11 這對神經科學家來說真是天上掉下來的禮物，他們就算摔碎眼鏡也沒有想到獼猴看見人類拿東西，會活化牠自己的神經元。

後續帕馬大學的科學家賈柯莫•里佐拉蒂(Giacomo Rizzolatti)與其團隊專注於研究獼猴大腦的運動皮質區在進行動作時，選擇和執行的反應。他們在1990年左右發現大

腦中的某些神經元不僅在獼猴執行動作時發生反應，在牠觀察其他獼猴做出動作時也有反應。這很可能是鏡像神經元根據動作，編譯來自場景的視覺訊號，由該動作去猜測對方行為的意圖，把觀察到的行為模擬成自己正在做的一樣，從獼猴大腦中觀察的鏡像神經元反應，用於推論人的大腦。在跨進21世紀的倒數前2年，迦列賽發表了《朝向意識的科學》論文，將鏡像神經元介紹給大眾，關於人類大腦中的小劇場如何反應經驗，如何學習與溝通，從鏡像神經元索引的路徑，對於複雜心智的拆解，未來或許能按圖索驥找到原始的劇本。

還記得美國心裡學家安德魯•梅哲夫(Andrew　Meltzoff)對著42分鐘大的嬰兒吐舌頭，嬰兒也朝向他吐出舌頭，這個石破天驚的舉動，讓主張嬰兒透過學習才懂得模仿的皮亞傑學派栽了個大跟斗，說明嬰兒天生就有模仿能力，還懂得

鏡像神經元協助孩子模仿，是學習的利器。

控制自己的舌頭，只是他還不知道吐出的東西叫做舌頭。

　　梅哲夫的實驗在1977年，那時科學家還不知道有鏡像神經元的存在，嬰兒的模仿舉動變成他的行為，比起先學習後模仿的認知理論足足提早近一年之多。在梅哲夫之前我們低估了嬰兒的能力，培育與管教相對保守，但是在鏡像神經元之後，除了仰賴它複製各種情境、動作、聲音等行為，還可以成為嬰兒學習的利器，在順應他能力的前提下善用鏡像神經元，尤其是家中有嬰兒的家長，讓模仿成為最無感、無壓的學習方法，由鏡像神經元縮短行為與學習之間的距離。

與塗鴉相關的神經元

　　大腦科學家大衛•休伯爾 (David Hubel) 和托斯坦•偉斯 (Torstin Wiesel)曾將一條細小的絕緣電線植入貓的大腦，去探測貓看到垂直線與水平線時的反應。當貓看到垂直線時，

不論是一條直線、一
個圓、一個造形，都
有特定的神經元負責
應對。

牠大腦內某些區域的神經元有反應；看到水平線時，另一些
神經元會有反應。但是在貓大腦中對於垂直線與水平線做出
反應的神經元並不相同，休伯爾表示：「似乎每個神經元都
有自己專屬的工作，某些神經元負責視網膜的某個特定區
域，對某種特殊形態的刺激及方向最有反應。這讓大腦內的
神經元分工精細且有紀律，它們感測一條直線、一個圓、一
個造形，都有特定的神經元負責。」 註12

　　當12至15個月大的嬰兒開始塗鴉時，只會畫線條，大腦
中的神經元只負責管理線條。等嬰兒塗鴉幾個月後，線條種
類變多，神經元就需要管理更多種的線條，待孩子繼續塗鴉
到了2、3歲，由線逐漸演變成形狀，或進入圓形期，就需
要更多神經元來管理。一旦幼兒長大，會組織造形，創造
複雜的塗鴉，那麼便有更多的神經元負責管理複雜的造形。
只要孩子不斷地畫下去，大腦內各個職責單位便需要偕同工

作，所以塗鴉的複雜程度與刺激大腦高度相關，神經元需要
更多突觸連結，傳訊號給負責的單位。隨著孩子年齡的成長
與經驗累積，孩子充實他的認知資料庫，未來他所創造的新
奇造形、豐富內容將加入越來越多神經元一起工作。

　　我想請讀者回想一下，在小時候班上很會畫畫的同學，
是不是大部分學業成績也名列前茅？這大抵是畫畫刺激了大
腦中神經元越用越靈活，突觸順利連結的原因。畫畫或塗鴉
刺激大腦，讓孩子的智力和課業持續向上提升。

推薦閱讀

1. 《天生愛學樣》，馬可•亞科波尼 (M. Lacoboni) 著/ 洪蘭
   譯，遠流出版
   本書從神經元的運作模式，解釋人的行為，讓我們了解
   隱藏在行為背後的動機，鏡像神經元協助人與人之間的

動作辨識和認知，間接啟發作者引導嬰兒塗鴉。

註解

註1，p85~89/註2， p401，《改變是大腦的天性》，諾曼•多吉(Norman Doidge) 著 / 洪蘭 譯，遠流出版

註3，一位愛唱歌的美國神經學家約瑟夫•勒杜 (Joseph LeDoux)， 主要研究生存電路，包括它們對情緒的影響，如恐懼和焦慮。在某次訪談中談論他的書《Synaptic　Self》提到：自然和培育在某些方面，是一種錯誤的二分法，大多數的二分法是連續統一上的兩個極端點，其中真正的答案存在這兩點之間的某一個位置。

https:www.rvcc-inc.org/an interview with Joseph LeDoux on 《Synaptic Self》

註4，《為什麼法國媽媽可以優雅喝咖啡，孩子不哭鬧？》潘蜜拉•杜克曼 (Pamela Druckerman) 著 / 汪芃　譯，平安文化有限公司

註5，《讓大腦再年輕一次》，塔高•韓施 (Takao K. Hensch) 撰文 / 謝伯讓　翻譯，科學人雜誌 2016 年第 170 期 04月號

註6‧台大醫學院李立仁教授—腦與心智科學的教育講座

　　　http://www.youtube.com/watch?v=-H8q9zzwKXs

註7‧p1057~1056,《Brain, Oxford University Press》, 1997 June

註8‧p36‧《右腦開發課》‧七田真 著 / 賴翠芬 譯‧世貿出版集團

註9‧p78~79‧《大腦總指揮》‧埃克納思•高伯德(Elkhanon Goldberg) 著 / 洪蘭 譯‧遠流出版

註10‧p193‧《藝術心理學新論》‧魯道夫•安海姆 (Rudolf Arnheim) 著 / 郭小平、翟燦 譯‧商務印書

註11‧p24‧《天生愛學樣》‧馬可•亞科波尼 (Marco Lacoboni) 著 / 洪蘭 譯‧遠流出版

註12‧p32‧《普魯斯特與烏賊》‧瑪麗安•沃夫 (Maryanne Wolf) 著 / 王惟芬、楊仕音 譯‧商周出版

　　　人類在出生後不久，視網膜神經元就開始與枕葉的特定細胞群，產生相互對應的關係，此過程稱為「視網膜拓樸地圖的建立」，簡而言之，即視網膜所見到的每一條直線、斜線、圓形或弧形，都會立刻活化某些高度特區的枕葉神經元。

第3章感官發展與塗鴉

嬰兒塗鴉需要手抓握筆,
眼睛與手配合行動,
耳朵聽成人口語的引導,
與塗鴉相關的感官能力相互配合,
才能完成塗鴉的行為!

所有的資訊處理都涉及情感，在那個過程，情感是驅動、
組織、增強與減弱認知活動的能量，反過來說，情感也是
這個活動的經驗與表達。

肯尼斯•道奇 (Kenneth A. Doge) 心理學家及作家

　　新生兒剛出生時微弱的意識，由身體成長主導起初的進
展，眼耳鼻口觸的感官與時俱增，而手將成為一切行為的前鋒。
自嬰兒的手有能力伸展接觸到外界，每一天的生活便是積極而豐
富的探索，手最快展開實質的行動，啟動觸覺的感官歷程，手知
覺媽媽的距離、絨毛玩具的柔軟、水的溫度，所有物件的樣態、
質感、距離等，都將等待手——去認識。

　　手是沒有心智的機械系統，塗鴉涉及的其他感官能力需要
一段成長時間，直到它發展到可塗鴉的階段，才能成為嬰兒未來
操控和感知的基礎。由大腦指揮，聽力留心聲音訊號，視力觀測
行動，手掌和手指偕同抓握，等候指令執行動作。

達爾文反射

　　新聞播報中曾經出現一張新生兒伸出手拉住醫師袍的照
片，大多數的人看到這張照片都會心一笑，照片中的新生兒懵

懂無知，卻做出戲劇性的肢體動作，這張照片說明新生兒有能力抓住東西，只是讓他抓住東西的機制，和未來塗鴉握筆的並不相同。每當有東西碰觸新生兒小手掌的範圍，他反射性地彎曲手指，緊抓著不放，使出的力道大到令人驚訝，這種行為被命名為達爾文反射(Darwinian　Reflex)，是新生兒的一種特殊行為，目的是練習、管理未來生存的技能。

除了與塗鴉相關的「達爾文反射」，新生兒還有吸吮反射、摩洛(Moro)反射、走路反射、腳掌反射、游泳反射等。不同反射的運動目的是觸覺感知的試探，呼應嬰兒的發育，與嬰兒的年齡息息相關。反射的行為到了某個折返點之後，便開始減弱，有些反射在幾週後消失，有些則需要幾個月才會消失。醫師們會從反射的行為觀測新生兒神經系統有無正常發育，了解新生兒的健康狀況。

　　在這當中有些反射與動物行為相似，被認為是人類在進化過程中，所保留的鎂光燈記憶，在短暫閃爍後便消失無蹤。有些專家認為「達爾文反射」是動物嬰兒在出生時，為了抓住媽媽身體的皮毛所做的反射動作，動物嬰兒求生的本能促使它去抓住媽媽，唯有緊跟著媽媽才有生存機會，受到保護與餵養長大。所以，反射因觸覺所引發的行動是源自生存的本能，涉及求生、自衛、繁殖等種種需求，與進化過程所保存的殘留遺澤有關，但尚未被大型研究所證實。科學家將新生兒的種種反射行為統稱為古老的反射(Archaic Reflexes)註1。這個名詞很容易被理解「反射」行為是源自人類初始的古老記憶。

　　新生兒的達爾文反射漸漸消失，在另一方面，他的手和手指頭的靈活程度卻漸漸增強，兩種動作看起來極為相似，同樣是手掌和手指的抓握行為，但是在意義上是不同的，反射是一種靈光乍現的能力，另一種是穩定而逐漸精進的能力。

　　或許有人和作者一樣好奇，達爾文反射的經驗可能讓嬰兒提早塗鴉嗎？作者曾經把筆給7個月大的嬰兒，觀察他的反應，孩子看起來對筆不感興趣，作者拿出更多的彩色筆，並在他面前畫起渦形線，他不但沒有意願用筆去畫，反而抓起筆放入口中，去嚐試筆的味道。其實不只有筆，嬰兒會把所有能抓到的東西都放入口中嚐一嚐，滿足口腔快感是出生至12個月大嬰兒的首要驅

力，握筆塗鴉的行為引不起他的興趣，我們給嬰兒筆，他比較想知道這枝筆好不好吃，想用口嚐嚐筆是嬰兒的本能，也是目前認知東西的方法。所以，最好不要藉著達爾文反射讓嬰兒塗鴉。

同樣的也有專家在實驗中測試嬰兒的「走路反射」，扶著嬰兒的雙臂，訓練他站立和走路，結果證實在走路反射時期有練習的嬰兒更早學會站立和走路。但是這也引起科學家們的質疑，認為太早學習走路，嬰兒的脊椎、雙腳會承擔過度的重量，容易讓嬰兒雙腳勉強支撐體重，導致骨頭變形或受傷，這很可能是走路反射在新生兒出生後 2 個月，消失無蹤的原因。

你有在廣告中看過嬰兒游泳嗎?由於子宮內有羊水，胎兒因應環境的需求適應羊水，並且在出生後保留類似的游泳能力，這個能力會在6個月內逐漸消失。如果仰仗這種游泳反射，讓嬰兒提早練習游泳也會有危險性，包含吃水、嗆水不會表達導致水中毒，引發腦水腫、昏迷、癲癇等。在美國YMCA及國際水上合作協會的公告中並不建議3歲以下的幼兒上游泳課。註2耶魯大學教授飛利浦•澤拉佐 (Philip D. Zelazo) 表示：「我們最好不要竄改嬰兒的任何一種反射時程，有些人建議利用嬰兒反射的當下能力，作出超齡的行為，例如：讓2個月大的嬰兒走路，進而引起關注。比較合理的情況是把嬰兒看成手無寸鐵的生物。」對於抱持積極培育嬰兒的家長，也許會認為科學家的心態過於保守，事

實上他們的建議相對是安全的，我們希望嬰兒未來發展更好，所以不應在嬰兒的脆弱階段，去測試孩子過量承擔的能耐，而是配合他的發展尋找適當的培育。

　　作者沒有積極探索嬰兒塗鴉年齡的下限，是基於嬰兒的視力要滿1歲才會發展到與成人相當的程度，另外參照佛洛伊德的理論：1歲前的嬰兒經由口腔獲得基本的生存快感。在嬰兒快樂原則驅動下「吃」是一種滿足的行為，這個年齡的孩子從「吃喝」中獲得大量營養和生活經驗。

　　如果我們讓嬰兒在口腔期就塗鴉，照顧者需要耗費很大的注意力，阻止嬰兒把所有的紙、筆放入口中，承擔一不小心吃下東西的風險。在這時候讓嬰兒塗鴉，我們一方面要阻止嬰兒去滿足口腔快感，又給他機會把紙筆放入口中，這對於不辨世事的嬰兒來說有著無法理解的矛盾，所以在口腔期減弱至結束的時間，

鼓勵孩子有時用左手、有時用右手，或雙手一起塗鴉。

才考慮讓嬰兒塗鴉，而這個時間點是隨著每個孩子天生的習性、評量來計畫。無論如何，不管嬰兒長多大，請不要忽視孩子不小心吞嚥東西所隱藏的危險性，這點是非常重要的。

與塗鴉相關的嬰兒手能力

　　新生兒的達爾文反射在一出生時就有，到了他3個月大後逐漸消失。在這段時間手觸摸，手掌抓握的感覺增加嬰兒對環境的認識，手掌抓握到了新生兒4個月大，會出現手掌配合四根指頭彎曲的2.0版抓握動作，這個動作還沒有牽涉大拇指的活動，完全是以手掌為主的粗略式抓握能力。在新生兒還不會坐之前，僅能躺著用手掌抓握，拿取他的上方和左右兩側東西，動手抓握建構嬰兒模糊的空間感知，他記下了這種自主移動手臂的意識，和自由抓取的經驗。等到嬰兒約7個月大，骨骼有足夠強度支撐身體的重量學習坐姿，屆時他的大拇指會彎曲與另外四根指頭，更穩定地包握住奶瓶。

　　到了嬰兒7個月大，抓握能力只發展出一部分，還需要等大拇指逐漸展現功能。大約是8到12個月進階的精細抓握能力才會出現，屆時大拇指偕同食指互助施力，這種拾取、抓握東西的類型稱為鉗子抓握，被視為嬰兒手進步的精細能力。鉗子抓握是未來嬰兒使用工具需要的技能，出現的時間嬰兒已經學會坐，能自由地抓取，手能拿到的水平和垂直範圍的東西，手的抓握能力同步增強他對三度空間、物件觸覺的認識，至此嬰兒的手抓握能力大致發展。註3

　　從手有抓握能力的那一刻開始，嬰兒就在收集觸覺經驗、記憶抓握材質的感知，未來他們會反饋在塗鴉中。即使嬰兒需要花上一整年才發展出鉗子抓握，但是他們在出生之後就有抓住東西的達爾文反射，所以要提防嬰兒隨手抓東西，往口中送的行為，留心放置在他身邊的東西。

　　新生兒出生後的頭幾年，由於外界的影響還少，越小的嬰兒左右兩手的靈敏程度越相近，身體的運動機能和律動感越放鬆。你會發現當嬰兒拿到一根湯匙時，偶而他用右手握，偶而換成左手握，他的雙手收集觸摸感受，右手提供訊號，左手也提供訊號，這雙倍的感知，和聽力、視力一起合作，充實嬰兒對環境的認識。

　　左手與右手後續發展的靈巧程度直接影響嬰兒的慣用手，到了嬰兒9個月大便傾向使用特定的手，有微弱的偏手性。但是在大部分的時間他交替使用雙手，也會雙手一起用，特別是在塗鴉的時候，兩隻手同時握兩枝筆畫的情況常常發生。作者不建議孩子在這時期用單手畫，或只用右手畫，相反的鼓勵孩子雙手塗鴉，有時用左手、有時用右手，就算到了2、3歲慣用手確定之後，也沒有必要阻止孩子雙手塗鴉，反而提醒孩子雙手均用，越是年幼的孩子身體的左右兩側越平衡，維持平衡對身體和心理都是非常有益的。

　　奧西克大學研究發現，由於左腦擅長文字與語言的功能，導致右手在書寫和語言上的優勢，某種程度的降低人們對左手的使用，而失去雙手均用的機會，特別是在人群中有些人是雙手使用者，因慣用手的訓練阻礙了另一側手的發展，剝削了另一側手的潛力。在研究報告中發現國小生比高中生雙手的靈敏度更高，間接證實社會、學校的教育在日積月累之間促成了慣用手。註4研究者不是要提倡左手與右手都能做精細工作，而是盡量降低過度專斷一側手，而造成的身心失衡，對右撇子由左手負責粗重工作，右手負責精細工作，左撇子則相反，提醒重視另一側手的角色和影響力，兩手均用是順應自然的、自由的，別讓身體的平衡在無形中受到制約而無自知。補充1

國小中年級學生的雙手繪圖作品。

作者在美術館引導中年級學生藝術創作時，安排學生練習雙手繪圖，大部分的孩子無法適應，有的會右手先畫，當右手停下來後，再換成左手畫，錯開雙手同時繪圖的時間。因為他們從來沒有雙手繪圖過，無法掌握雙手同時繪圖的節奏。等待練習進行到了後段，孩子逐漸領受繪圖的手勢，自然發展出均衡對稱的圖樣。如果把繪圖換成做黏土，孩子很自然地雙手一起揉土，完全不需要提醒，繪圖的筆是文明發展的一種工具，右手握筆畫隱含後天教育的影響，雙手做黏土則透露人類雙手並用的本能。

重視人類自然發展的德國學者沃爾夫岡•格羅辛格(Wolf-gang Grözinger)是推薦雙手繪圖的專家，他在書中談到：「幼兒和未開化民族的人其觸覺經驗，有時會和逕行觸摸的那隻手極為緊密的連結在一起，所以在畫圖時，無論作畫的人是用左手，還是用右手，他的每隻手都表達各自的經驗，不需要另一隻手代勞。......培養幼兒的空間感覺和身體感覺，雙手繪圖是一種極好的方法，可防止雙手的功能過早受到有意識的具體表現所侵蝕。註5」作者很認同他的說法，學齡前的兒童順應雙手的本能，保留雙手天生的敏銳程度，慣用手雖然是培育的趨勢，但是雙手繪圖訓練孩子身體的平衡，開發的空間經驗是迥異於慣用手的單側體驗，在作者的創作經驗中，雙手繪圖能調節人體的失衡，是感性與理性相互制衡、融合、協調的演出，那些內容兀自填補意識與潛意識的縫隙。

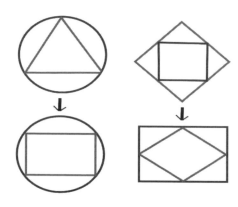

與塗鴉相關的嬰兒視力

　　大約在1970年代左右，許多研究者用基本的幾何圖形，測試嬰兒視力的敏銳程度，發現新生兒的視力不佳，疑似有近視和散光，他的視網膜在出生後的一年內，才會慢慢地發展成熟，目前只能辨識20~25公分內的東西，超出這範圍他們就看不清楚，但是距離拉近嬰兒的視力就變好。

　　當光線照射入眼睛中的角膜、穿過水晶體，抵達視網膜，光子刺激視網膜發送訊號給視覺神經細胞，再由大腦中的枕葉協同邊緣神經系統，有時還需要杏仁核(感情)和海馬迴(記憶)幫上點忙，才能解讀完整的視覺訊號，讓我們的大腦看見東西。起初新生兒眼睛看到東西，還不會去抓取，但是僅僅2個月大，嬰兒就有意識控制眼睛對焦觀看清物件，等到4個月大嬰兒的視力會協助手，伸手對準物件抓取，這個行為說明視力和手眼協調能力的進步。

1個月大的嬰兒只注意到外輪廓的差
異，對內部的造形改變沒有察覺。

　　除此之外，人在睡眠、清醒、受刺激時所表現的呼吸頻率
並不相同，所以研究者藉著呼吸來評量嬰兒的視力。他們先觀
察嬰兒在清醒時呼吸、吸吮、心跳在某個單位時間內的次數及力
道，比對給予視覺刺激之後，嬰兒發生的改動。註6科學家也由
吸吮狀態追蹤嬰兒眼睛的凝視或忽略的行為，統計他的愛憎表。
註7結果發現嬰兒比較喜歡明亮的顏色，對黃色最有好感，他和
成人一樣有能力分辨出紅黃藍基本色彩。嬰兒剛開始塗鴉，色彩
只代表顯影線條的功能，色彩刺激遠小於運動快感的喜悅，嬰兒
陶醉在運動快感中，色彩在嬰兒塗鴉時被忽略了。作者經常看到
嬰兒抓握一枝筆從頭畫到尾，都不曾換過色彩，初期嬰兒塗鴉對
色彩的喜惡並不明顯。

　　下面這個實驗告訴我們嬰兒是如何去看一個圖形。科學家
艾倫•曼偉斯基(Allen　E.　Milewski)給嬰兒看一個圓形裡面有三角
形的圖案，待嬰兒習慣後，再更動裡面的形狀，把圓形裡的三角

完形的觀看模式與分化能力不足，可能是幼兒畫頭足人的原因。

形換成矩形。另一組是同時更換外面的大形狀，也更換裡面的形狀。實驗結果發現1個月大的嬰兒對外面的大形狀改變有反應，只注意到外面大形狀的差異，對內部的形狀改變沒有察覺，等到嬰兒長大到了3至4個月，他對內外的形狀改變都有反應，但是最先注意大形狀的改變，之後才注意裡面的小形狀。

這個實驗告訴我們嬰兒視力知覺的順序是大輪廓優先，然後再注意裡面的小形狀，優先察覺整體，再來認識細節。嬰兒的觀看方式呼應了二十世紀興起的完形心理學理論：在觀看過程中整體的重要性遠大於細節，人的觀看傾向滿足於一種視覺整體的完形，這種完形是人類繼承自演化的習性，古人狩獵、打仗都從高、大處觀測整體，才能夠看得遠、看得廣，有警覺所處環境的危險性，才能保護安全。

完形的觀看模式可能是幼兒畫出火柴棒人、電線桿人、頭足人的原因，他有知覺人的各個部位，用圓形和線條組織成一個人，但是幼兒首先掌握了人的頭和腿的印象，畫出頭足人，這是完形傾向大於細節的偏好，所以優先畫出人的大輪廓。

嬰兒辨識形狀的方法和他們的塗鴉都依循相同的原則，先掌握物件的大輪廓，把車子的外形先畫出來，再加添細節，重視大輪廓再畫小細節是完形的驅力，也是一種兒童成長與描繪力正

相關的分化能力，在他還小時畫一輛車子只加上輪子，等到他長
大後會加後視鏡、車牌、排煙管等，對物件描繪隨著他的年齡成
長觀察的細節更豐富，分化出更多的項目。

與塗鴉相關的嬰兒聽力

　　聽力是嬰兒最早擁有的感官，早在子宮中他們便聽得到媽
媽的心跳、腸胃蠕動、血液流動等等的聲音。出生幾個小時的新
生兒，聽到人聲時會朝向聲音的方向嘟嘴，由於視覺神經發展較
聽覺神經為晚，在嬰兒10個月大前，側重聽覺作為主要的感官知
覺。他們很早就能認出媽媽的聲音，還會轉向聲音來源去尋找
她；當嬰兒聽到的媽媽聲音來源與視覺訊號不相符時(聽到聲音
的方向與人出現不同方向)，他還會露出困惑的表情。嬰兒長大
到這個時期，已經建構符合邏輯的表徵，會尋求合理的解釋，一
旦事件狀態不符合他所知道的，嬰兒就會感到困惑與不安。註7

　　新生兒出生後的視力稍為落後於聽力，一直到嬰兒10個月大視力才會逐漸占上風，成為嬰兒觀察環境的主要知覺，到1歲大左右，他們就能和成人看的一樣清楚。但是嬰兒的聽力有高度的警覺性，當視覺有時會因為距離遠、遮擋、光線暗看不清楚時，聽覺幾乎沒有限制，輔助嬰兒去察覺更大範圍的環境，在看不到或看不清楚時，他們把大部分的注意力放在聽覺感官，這個原因讓嬰兒很早就開始認識節奏和旋律。

　　有數十年語言聲音研究的法國認知心理學家伊曼紐•杜普斯（Emmanuel Dupoux）說：「人對聲音的組織不是武斷的，而是不斷經由學習過程才決定的。把聲音歸類、組織起來的規則是決定於知覺系統的結構。」註8　嬰兒塗鴉表現受到外界的刺激，就如行為主義的刺激與反應，初期聽到聲音對嬰兒是純粹的聽覺感官，不僅如此，觸覺、視覺的知覺也是感官感覺的，但是通過收集來自環境的種種感官刺激，嬰兒的經驗與感覺內化成為心智，

然後影響了他的塗鴉內容。

　　節奏是聲音與聲音有規律的間隔，具有明顯的形式，嬰兒感受鮮明，與胎兒期在媽媽子宮裡熟悉的心臟跳動、脈搏跳動的形式相近，嬰兒會握著湯匙或玩具敲打出節奏，再現他記憶中的聲音。這就是抽象畫家瓦西里•康丁斯基(Wassily Kandinsky)在《點線面》書中所說的：「藝術情感最初當然源於直覺經驗，並且很容易迫使我們沿著直覺經驗一直探索。」註9　除了握湯匙、玩具敲打出節奏，嬰兒也用相同的手勢畫點，這或許是一種直覺上的巧合，聲音的節奏在嬰兒塗鴉中會以「點」的形式表現出來。

　　不論嬰兒是握筆戳在紙上的點，或是用筆拖畫出極短的線，全都屬於點的形式。在點出現時，明顯可感覺到嬰兒下筆時的力道，他們畫點的情緒總是高昂的，點是最能展示孩子能量的塗鴉元素。嬰兒塗鴉的點就是康丁斯基所描述的樣子：「從沉寂中，你能漸漸聽出它的聲音性質。這些性質是內在的張力，它們——顯現並散發能量，輕而易舉地克服自設的障礙，向人展示出作用。」註10　和聽覺關係密切的塗鴉元素「點」身負重責大任，未來將成為嬰兒塗鴉中，傳達情感能量的主力部隊。

　　聲音可能是由幾個單音連成一起的旋律，或是把旋律放慢一點能聽到短音，把「聲音」感受轉成塗鴉，由於嬰兒目前只會

嬰兒畫點的施力明顯，傳達能量。

短的旋律畫出短的線條，長的旋律就畫出長的線條。

畫點和線(斜線、曲線、鋸齒線等)，所以與「線」較為相關。畫長線條表達一種與短線條不同的經驗。聽到聲音時，自然把短的旋律畫出較短的線條，長的旋律畫出較長的線條。

一旦嬰兒需要畫較長的線條時，他的呼吸就會跟著調整，在嬰兒吸氣、吐氣中可以觀察到線條轉折和線條停頓的狀態，吸氣、吐氣、暫停時筆畫會留下較深的色彩，隨後再補上銜接的線條，分幾筆畫接成一條長的線，組成嬰兒感覺的狀態。

由於嬰兒的視力越來越好，逐漸從聽力優勢轉變成視力優勢，塗鴉也受到影響，從抽象的線條慢慢變成代表某種物件的符號，那是他感官感覺的真實轉變。視力優勢的情況在幼兒塗鴉中更明顯，幾乎是獨占了塗鴉的表現。幼兒會畫點、線、形狀和更多的符號，表現節奏與旋律的聽力內容，從運動感知塗鴉階段功成身退，取而代之的是視覺的、符號的圓形期。幼兒嘗試將塗鴉符號羅列、環繞、分布安排在紙面上，紙面的空間好似幼兒感知的空間，他有時會以色彩區隔、有時會以符號區隔成不同的群組，把生活中的物件和事件表現在紙面上。目前幼兒無法做精細的描繪，他們尚未發展到有能力去分化物件，塗鴉內容大部分是一些符號，主要的目的是傳達他的感覺和經驗。這時的幼兒就像一位抽象表現主義藝術家那樣隔離了具體世界的紛擾，在自我為中心的小世界裡塗鴉。

推薦閱讀

1. 《天生嬰才》，Jacques Mehler & Emmanuel Dupoux 著 /
   洪蘭　譯，遠流出版

   由兩位認知心理學家合著，書中最可貴的是提出嬰兒感官發
   展的諸多實驗，有憑有據的說明嬰兒的智能發展，梳理三十
   年間從認知科學探索人類早期發展的脈絡。

註解

註1，p67~70，《天生嬰才》，Jacques Mehler & Emmanuel Dupoux 著
　　/ 洪蘭　譯，遠流出版

註2，p140，*Child Development (sixth Edition)*，John W. Santrock，A
　　Division of Wm. C. Brown Communications, Ins.

註3，*Typical Hand Grasp Development for Fine Motor*
　　https://shop.growinghandsonkids.com
　　在網站中列出從新生兒到 6 歲，手抓握能力的十二項發展過程

註4，*Writing and Drawing with Both Hands as Indicators of Hemispheric*
　　https://www.researchgate.net.publication
　　2011年奧西克大學(University of Osijek)研究，針對685位小學生和504
　　位中學生「雙手寫和畫作為腦半球優勢的指標」研究，經由問卷調
　　查，手寫與繪畫的能力兩種形式客觀測量習慣用手的偏差，國小生比
　　中學生雙手的靈敏度更高。書寫和繪畫是複雜的精細動作，是大腦不
　　對稱功能的展現，慣用手開發的技能有來自腦側化的基礎，涉及視覺

和感官知覺的連動，需要高階的控制和各種認知過程，即使是混合使用雙手者，或是左、右撇子都傾向一次只使用單側手書寫和繪畫。另外，也有學者持反對，倫敦皇家研究中心的詹姆斯爵士(Sir James)是代表人士，他認為雙手並用迫使超額使用大腦，易造成人的顱內矛盾與混亂，會增加瘋子的人數。

註5．p49~51，《兒童塗鴉、線畫、彩畫》，沃爾夫岡•格羅辛格(Wolfgang Grözinger) 著 / 王玉、梁波 譯，世界文物

註6．E. R. Siqueland & C. A. DeLucia 在 1969 首次成功採用「不同刺激造成不同程度習慣」的方法，成功試驗嬰兒的視覺反應。

註7．喜歡的項目或討厭的項目依次序排列成表格。

註8． p5~8， p84~107、 p168、 p108~110 / 註9，p111，《天生嬰才》，Jacques Mehler and Emmanuel Dupoux 著 / 洪蘭 譯，遠流出版

註10．p146 ，《點線面》，瓦西里•康丁斯基 (Wassily Kandinsky) 著 / 余敏玲 譯，華滋出版

註11．同上p80，在形式構成中，點的出現，就類似於音樂中對定音鼓或三角鐵的猛然一擊，或是大自然的森林樂章中，啄木鳥短促的敲啄。

註12．同上p164，許多樂器的樂聲都是線性的，且不同樂器的音階對應不同粗細的線。......樂器音色的不同也能使聲音線各具特色。比如，風琴恰是一個典型的「線性」樂器，而鋼琴則是「點性」樂器。

幼兒的塗鴉反應出上下左右的空間感知。

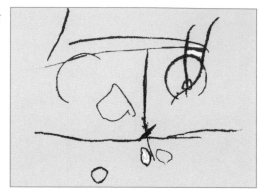

補充

補充1、《左手右手：探索不對稱的起源》，克里斯•麥可麥納斯 (Chris Mc manus) 著 / 徐明娟、王惟芬 譯，商周出版

　　p222~223　的確有某種力量引導我們成為左或右撇子。這裡我們必須釐清兩種不同，卻彼此相關的慣用手層面。將手平放在桌上，分別以右手食指和左手食指快速敲打桌面，右手會比較快，也比較有規律，這表示右手比左手更為靈巧。......但右手之所以比較靈巧，很可能是因為我刻意使用它，有比較多練習機會，因而造成的熟能生巧。

第4章嬰兒塗鴉

為找出適合嬰兒塗鴉的時間，
請檢視幾個參考的原則，
同時也注意廣義環境的影響，
確保嬰兒在安全、
愉快的環境下塗鴉！

人是相當聰明的動物，他們之所以持續特定行為，很可能是基於某種不為人知的理由，而不會毫無緣故的。

克里斯•麥克麥納斯 (Chris McManus)醫學教育教授

　　有一回上課，教授點名，剛好作者正踏進教室，教授說我來的時間是「Cherry　Time」。意思是指在最剛好、適當的時間點，做事情有事半功倍的收穫。在研究胎兒的成長過程中，我們認識生命初期的可塑性，了解嬰兒有優異的學習能力，所以建議嬰兒12至15個月大之間塗鴉，做為培養聰明大腦的「Cherry　Time」。把握可塑性的時效，引導嬰兒模仿塗鴉，這個時間點距離3歲的「關鍵期」約還有2年，在嬰兒語言、行為、活動相對受到限制，重要的身心發展陸續展開之際，把塗鴉當成一種培育嬰兒的日常活動、運動和遊戲，來增進孩子大腦的發展。

　　當你看到一個完全沒有塗鴉經驗的嬰兒，不需要成人教他怎麼握筆、怎麼畫，抓起筆就塗鴉，沒有害怕，也不擔心畫不好。孩子本能畫出塗鴉，表現的內容並不需要學習，所以塗鴉不是一種課程，無法以學習的概念看待嬰兒

塗鴉中的本能表現，他們主動、自由地塗鴉，而且一張接著一張，欲罷不能。嬰兒用自己的行為告訴你：他喜歡塗鴉！孩子想要做的事，必然能滿足他的某些需求。塗鴉是自然的行為，讓嬰兒表達他自己，同時也建置好了進程，只要按下開始的功能鍵，隔離外界的干擾，讓嬰兒依照內在的需求，一步步地依序展開。

　　德國藝術家保羅•克利(Paul Klee)的作品與兒童畫在樣貌上有些神似，他曾經說：「兒童從宇宙→四次元→越過地球→三次元→到了自己和他人面前，到達世界面前。」註1當我們看到嬰兒一筆畫出弧線，快速添加線圈數量成為渦形線團，把最基礎的線條從一次元變成二次元，圍繞的線條呈現一種包裹、環繞的空間感，在那裡面有世界還有嬰兒自己。嬰兒將渦形線變成黑洞，變成宇宙，展現滿滿的能量在世界面前，這源自於他的驅力、他的需求。

在這個過程中嬰兒傳達情感，紓解因睡眠所累積的多餘能量，還有他生命最初的記憶需要回溯，種種需求在嬰兒還不會說話之前，塗鴉確切地滿足他。

嬰兒開始塗鴉的時機

我們計畫讓嬰兒塗鴉，但是到了嬰兒12至15個月大，要如何判斷他已具備塗鴉能力？可以開始塗鴉？下面幾個觀察面向，倘若孩子都符合就可開始塗鴉。

手達到基本運動技能

美國兒童發展學家把兒童年齡劃分為四期，2至24個月大稱作嬰兒期，嬰兒期以每半年為一階段，去觀察嬰兒精細運動技能(fine motor skills)的發展。介於12至18個月大的嬰兒屬於第三階段，在第三階段前半嬰兒有能力疊放兩塊積木，這雖然不是太難的動作，但是手的穩定度要足夠，才能將5公分立方的積木疊放在另一塊相同大小的積木上，而不致於弄倒。同一時間他的手指頭可翻閱磅數較厚的繪本2至3頁，有簡單的抓握能力，能用手掌抓握粗的蠟筆或玩具。

每天嬰兒的能力都一點點的進步，接近第三階段的後半段時，他的手指頭能抓握筆在紙上畫些符號，疊放加倍

線條呈現一種包裹、環繞的空間感，在那裡面有嬰兒自己還有整個世界。

嬰兒用行為告訴你：他喜歡塗鴉。

數量的積木。註2嬰兒在全速成長期間，他的手掌從抓握粗的蠟筆，到手指頭握住細的筆，只需4、5個月，手的精細運動技能進步的速度就相當可觀，所以當你的孩子在12至15個月大時，不論哪一側的手已出現上述的能力，就可以開始引導他塗鴉。

必須身體健康

有一個相當普遍的看法認為嬰兒期是人類成長過程最敏感和脆弱的階段，他們離開相對安全的子宮，來到需要抵抗灰塵、細菌、溫度侵擾的世界，目前嬰兒還不夠強壯、沒有防禦能力之前，情況看起來是危急的，許多因素都可能阻礙嬰兒的身心成長。

研究報告指出40%左右嬰幼兒有貧血。如果孩子有貧血極易感染各種疾病，影響健康。他可能鼻子、眼睛、皮膚過敏，免疫力下降，反覆感冒、腹瀉，導致精神不濟和身體虛弱。遭遇上述任何一種狀況，都可能影響成長，讓嬰兒的手沒有力氣抓握筆，或是呼吸不順導致注意力不集中，身體不舒服，表現安靜、柔弱、嗜睡，失去應該有的天真活力。一旦嬰兒身體有狀況時，除了醫療照護，帶孩子做些鍛鍊身體的運動，是比塗鴉更重要的。實驗證明在孩子做有氧運動時，大腦工作效能較好，停止運動後他們

的表現便回落。塗鴉對大腦有益，但是運動的好處是全面性、系統化的，不健康的孩子請先養好身體，或是做些運動鍛鍊身體吧！補充1

口腔期減弱至結束

　　嬰兒成長到了12個月大，屬於人格發展中的「口腔期(oral　stage)」逐漸進入尾聲，孩子會減少從吃喝的活動中，滿足快樂的需求。除了在「口腔期」受限制的嬰兒，或過度依賴口腔滿足的嬰兒，還無法停止依賴吸吮、吞嚥、咀嚼等口腔活動，大部分的孩子到了周歲，可以經由勸阻慢慢懂得不把東西放入口中。如果嬰兒「口腔期」滯留的時間太久，應諮詢相關醫療協助，去發現影響嬰兒的原因。義大利幼教專家蒙特梭利指出：「在嬰兒能運用他的表達手段之前，他的敏感性導致一種初步的心理結構的產生，但他並沒有明顯的表現。」註3如果把口腔期的延

嬰兒要有意願塗鴉。

它看成嬰兒敏感性的暗示，就需要重視它、處理它。心理學家佛洛伊德認為嬰幼兒期間是人格發展最重要的階段，在這個階段發生的許多重大事件，會影響日後孩子的性格成長。所以，請耐心等待嬰兒口腔期結束後再塗鴉，這可減免他將紙筆放入口中或吃下肚子的危險。如果到了嬰兒24個月大，還是無法被勸阻、停止把紙筆，或其他不能吃的東西放入口中，請先諮詢醫師，暫緩塗鴉計畫。

有意願塗鴉

當我們在嬰兒面前塗鴉，大部分的孩子也會想要塗鴉，嬰兒塗鴉引發一連串手的運動快感，帶給他身心的回饋，讓他感到快樂和滿足。但是，在作者的經驗中有些孩子是不塗鴉的。我們假設，有些是在嬰兒期沒有機會塗鴉，有些是根本不想塗鴉，雖然大部分的孩子都喜歡塗鴉，但是就有少數孩子沒有興趣。

　　過去孩子塗鴉，被當成握筆習字、學習課程的準備工作，現在作者鼓勵嬰兒塗鴉，希望刺激嬰兒的大腦神經元，藉以增進智力的發展。不塗鴉的孩子，也許已經找到合於他興趣或天分的替代活動，孩子可能喜歡攀爬、運動、唱歌、跳舞、堆積木，在他們的成長中，塗鴉由其他參與過的活動所取代。如果成人已經引導嬰兒模仿塗鴉，他卻沒有意願，就讓他依照自己的興趣選擇活動，在喜歡的活動中成長。請容許不喜歡塗鴉的孩子從事他有興趣的活動，作者推廣嬰兒塗鴉，但是尊重孩子自由選擇，發現個人的興趣。

　　再小的嬰兒也有自己的心理內容，成人難以理解隱藏在嬰兒敏感性中的小劇場，所以判斷嬰兒是否有意願塗鴉，請不要直接抓著嬰兒的手畫，也不要大聲說話施加壓力，而是用不同性質的筆(蠟筆或彩色筆)、不同的色彩(起初為避免嬰兒分心，每次只用一個色彩)示範幾次運動感知塗鴉給嬰兒看，成人示範時也給嬰兒筆和紙張，每次示範後需要間隔一、二天再示範，多觀察才判斷嬰兒塗鴉的意願。我們了解嬰兒一方面有敏感性，一方面也需要用方法引導他。

　　如果嬰兒身體健康，能夠用手掌抓握粗的筆，不會把

東西放入口中，也願意塗鴉，那麼成人就可在嬰兒12至15個月大之間引導他模仿塗鴉。

廣義的環境

　　蒙特梭利是義大利知名的幼教專家，她所創建兒童之家有三個外部特徵，分別是一個適宜的環境、謙虛的教師和科學的材料，她認為一個合適的環境提供事情被發現的價值，謙遜的教師可說是廣義環境的重要部分，他對待兒童的態度是教育成敗的關鍵。長久以來，蒙特梭利的三個特徵被複製在許多幼兒園裡，她對幼兒提出的探索和解答同時也啟發作者，成為嬰兒塗鴉的參考內容。

環境與材料是塗鴉的起點

　　塗鴉需要一個光線明亮、安靜的角落，有適合嬰兒坐姿的桌椅、繪畫材料，讓美好的塗鴉體驗在這樣的環境中發生。畫筆選用無毒的彩色筆、蠟筆補充2，大約是手指粗不易折斷，8色或12色就足夠，大部分嬰兒喜歡用感官刺激鮮明的色彩。初期只給嬰兒一個色彩，避免過多色彩讓嬰兒失去焦點而分心玩筆；另一方面嬰兒的視覺神經細胞尚在發育中，並無力分辨太相近的色彩，除了紅黃藍黑色彩是必需的，其他色彩存在的意義並不明顯，所以一次只提共嬰兒紅黃藍黑的其中一個色彩。

每次提供嬰兒一個顏色
塗鴉。

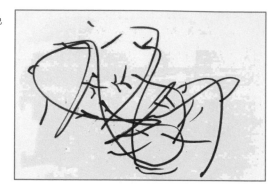

　　讓嬰兒塗鴉請特別注意鉛筆、彩色鉛筆、細蠟筆容易
因施力造成筆蕊斷裂，鮮豔的色彩會被嬰兒當成糖果誤
食，所以請先不要使用。塗鴉過程必需時時刻刻注意嬰兒
的舉動，勿讓孩子不小心吞嚥筆蓋、筆蕊、紙張等物品造
成危險。在12至15個月大開始塗鴉，嬰兒還沒有珍惜資源
的概念，他們塗鴉速度快，會消耗大量的紙張，初期塗鴉
純粹是手臂的移動，屬於上下、左右、兩端移動的運動感
知塗鴉，不需要提供昂貴的圖畫紙給嬰兒畫，買一卷磅數
低的紙或A3、A4影印紙，或使用廣告傳單、日月曆紙的
背面都可以塗鴉。

請變身為孩子的同伴

　　若是由家人來引導嬰兒塗鴉，不同於一般老師教導的
模式，反而像是孩子的同伴，和他一起塗鴉、協助補充材
料、鼓勵他塗鴉。由於嬰兒塗鴉是一個極為緩慢的進步過

程，從畫面上觀察，在一兩個月間幾乎沒什麼太大變化，大部分的時間嬰兒只畫線條，但是有時又會突然超前，畫出一些新的符號或形狀，有時又會退回到最初的粗雜線團。年幼的孩子注意力時間短，也許每次只畫幾分鐘，同一天斷斷續續的想畫就畫，塗鴉的時間和數量很有彈性。由於塗鴉是被當成嬰兒的運動和遊戲，不論是成人或嬰兒都不要有壓力。嬰兒年齡小、變數多，作者非常推薦由家人引導嬰兒塗鴉，時間和地點相對自由、有彈性，完全不需要學費，這讓我們對嬰兒塗鴉的成果可以抱著寬容的心態，不因為嬰兒亂畫或畫得少、沒有進步，有經濟壓力而中斷塗鴉，目前嬰兒塗鴉的計畫是以兩年為期，直到 3 歲的關鍵期結束前，嬰兒最好都保持塗鴉的習慣。

　　當成人決定與嬰兒一起塗鴉時，就是扮演引導塗鴉的角色。你的主要目的是讓嬰兒主動塗鴉，培養孩子塗鴉

初期嬰兒塗鴉大部分是上下、左右、兩端來回的線畫，屬於運動感知塗鴉。

的習慣。所有的行動和語言都必須以此目的為優先，在過程中成人需要穩定自己的情緒，特別在嬰兒不明原因吵鬧時，要有所警覺說話的語調和方式。舉2歲艾比的例子來說，艾比的媽媽因為她塗鴉常畫到手和衣服，而不斷重複提醒。艾比手眼協調力不夠穩定，一時疏忽又會畫到。這件事讓媽媽很困擾，要求艾比穿上工作服才能塗鴉，但是孩子穿上工作服之後，還是會畫到手和衣服，讓媽媽不斷加強語氣提醒艾比小心塗鴉。儘管艾比願意穿上工作服聽從媽媽的提醒，但是孩子因為塗鴉招致的糾正，遠多於從塗鴉中所獲得的樂趣，後來影響艾比減少塗鴉。

真實的情況無法化約為艾比的例子，但是怕弄髒手、弄亂環境的類似劇情非常多，往往在孩子還不辨世事之前，先承受成人情緒上的叨擾，有些情緒來自成人自己的，有些是孩子不符合預期所衍生的，兩種情緒可能匯流成為意識的阻礙。蒙特梭利曾經提醒：先讓教師清除他自己眼中的沙粒，然後他才能更清楚地知道，如何消除兒童眼中的塵埃。註4基於現在父母對教養的重視，作者提醒在培養的前提下，引導嬰兒時收斂、調整情緒，冷靜處理孩子所犯的那些問題，避免埋下日後的負面聯想。

請屈從於孩子的塗鴉能力

　　成人的手眼協調和描繪能力比成長中的嬰兒好，請不要在任何年齡的孩子面前展示成人較佳的繪圖能力，挑起孩子想要模仿的欲望，卻力有未逮，這種情況導致塗鴉沒能獲得正面的幫助，還可能適得其反。

　　作者在《如何盡早發現孩子的天分》註5書中讀到一則故事。描述一位媽媽為最小的兒子買了世界地圖的拼圖，二兒子跑來幫忙排出一部分的美洲，轉頭對大哥說：你讀過歐洲史知道法國怎麼排？大哥便走過來幫忙。這時小兒子放下拼圖去打電動。媽媽想起來拼圖盒子裡有說明書，便拿出來教孩子們怎麼排比較快，沒多久三個孩子都不玩了，只剩下媽媽一個人在排拼圖。通過這個故事，提醒我們在關心、幫助孩子時要有節制，成人有時必要成為一個熱心、安靜的旁觀者，讓孩子做自己。盧梭在其名著《愛彌兒》中也談到：「熱心的教師務必單純、謹慎、隱

藏，萬事都需節約。我屢次說過以善的事情教育兒童，卻反而變成惡的。」註6我們需要為孩子保留主動創造和表達的機會，不應該代替孩子去進行那些他自然生長中需經歷的事，這是不教而教的，讓孩子從中自由探索、覺醒意識，在這過程中需要的是時間，而不是成人給的摹本。

引導塗鴉請不要過度讚美

在愛德華•達西(Edward L. Deci)的實驗中，分兩組學生玩「索碼(Soma)」積木遊戲，其中一組提供金錢作為優勝者的獎勵，另一組沒有任何獎勵，結果，非常有趣的事情發生了！拿到獎金的學生，等誘因消失後就停止再玩積木遊戲，相反的沒有獎勵的學生興趣不減繼續玩。實驗嘗試證明外在誘因會干擾個體。實驗者也發現，如果使用的是「語言上的誘因和正向回饋」也就是鼓勵和讚美的語言，學生的興趣會被激發。註7雖然教育界普遍同意語言

的讚美是正面有益的，但是在開口讚美孩子時，要確認孩子有努力過，是付出才得到的讚美。這樣的讚美是鼓勵行為的一種期許和暗示，肯定孩子的付出。

有些成人喜歡把讚美當成口頭禪。讓孩子太常、太容易聽到廉價的讚美、社交性的讚美、「個人性的」註8讚美，造成孩子對正向回饋的彈性疲乏，讚美本身的效力就會大打折扣，就會如同上述實驗中金錢獎勵消失後不再玩積木遊戲的學生，失去了正向回饋的效果。補充3

塗鴉是運動和遊戲

塗鴉是手帶起的運動。在初期嬰兒的手腕還沒有能力做精細動作，大部分是上下、左右、兩端來回移動的線畫，嬰兒畫線條時，由手臂帶引身體跟著動，當他們畫的快時，身體也跟著動得快，嬰兒於是在塗鴉中領受到運動的快感。在開始塗鴉之後的2至3個月，嬰兒有時會旋轉手腕畫出小幅度的曲線，穿插在兩端來回的線團中。隨著嬰兒持續塗鴉，大約到了他20個月大，手腕旋轉的幅度越明顯，彎曲的線幅度慢慢加大，稍後嬰兒於是能順利地畫出一圈又一圈的渦形線團，同時取代兩端來回移動的線畫，成為進階版的運動感知塗鴉。嬰兒初期的塗鴉，更接近運動和遊戲。由手的塗鴉動作帶動身體，嬰兒在過程中

嬰兒旋轉手腕畫出渦形線團，成為進階版的運動感知塗鴉。

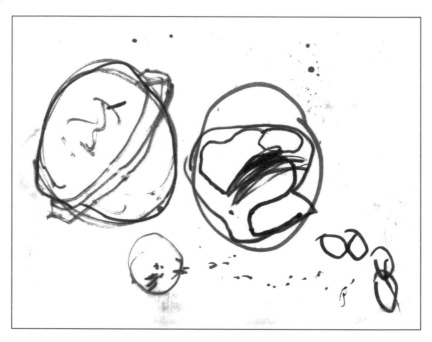

從圓形的起頭和結尾的接合，可以觀察孩子手眼協調的能力。

不斷的嘗試，有時他畫得快，有時又放慢速度，在塗鴉時他領受運動的節奏，並且在控制節奏中體驗到了快感，這就是所謂的運動感知塗鴉。

把塗鴉當成運動的型態，在提供大紙張給嬰兒塗鴉，更能顯現其中的效益。使用大紙張塗鴉，孩子自然會加大動作和手勢，因此能鍛鍊手臂，消耗孩子的體力。特別是呼吸道較弱的孩子，手臂較無力氣，需要多一些鍛鍊。讓嬰兒偶而嘗試畫大過他身體尺寸的對開或全開紙張，成人可以把紙張貼在牆上或放置地上，變成像似環境的一種狀態，大紙張的尺寸刺激孩子的感官，同時提高難度，激發孩子的自信和挑戰的勇氣。這是和在桌上塗鴉的感覺完全不同體驗，如果我們把一張畫紙看成是嬰兒心中對環境的投射，顯然大紙張的尺寸強勢地擴充了嬰兒的感知空間，讓他加大塗鴉動作，因此通過塗鴉與空間連接，由此察覺自己存在的環境。關於訓練孩子做大張紙塗鴉的內容更進一步研究，請參考澳洲教授馬文•巴特(Marvin Bartel)的文章。補充4

塗鴉是探索的遊戲。波林格林大學神經科學教授賈克•潘克賽(Jaak Panksepp)，是位專研情緒內容的先驅。他發現小老鼠在一起很愛玩，還會吱吱的叫和彼此捉弄，

牠們遊戲的本能不會停止，也不容易被壓抑，只要逮到機會，小老鼠立刻會翻筋斗、追逐等遊戲。潘克賽把老鼠的遊戲本能類比做小鳥的飛行本能，他說：「小老鼠聚集在一起做社會活動是最強而有力的正向情緒，一旦你肚子飽了，沒有任何身體上的需求，你就會想去跟別的小朋友玩……在3到6歲的兒童期，人類笑的次數最頻繁，他們最愛的便是追逐，翻筋斗，所有肢體接觸的遊戲」。註9　幼小的哺乳動物都有愛玩的特徵，人類幼兒花大量的時間在玩各種不同的遊戲，跳房子、捉迷藏、紅綠燈、扮家家酒等，所有的專家都告訴我們遊戲有益孩子的身心發展。

在一篇美國兒童科學(AAP)關於《遊戲的力量》文章指出：許多研究證明遊戲可以提高兒童的組織、計畫和他人相處能力，除此之外孩子在遊戲中需要交談，所以能促進語言發展，有時還需要數學能力和一些社交技巧，學習

應對壓力。兩三個孩子在一起幾乎什麼遊戲都能玩，但是只有一個孩子能玩的遊戲相對有限，然而現代家庭多半只有一個孩子，所以作者建議由成人陪伴孩子塗鴉，只需筆和紙，就可以展開紙上的塗鴉遊戲。

　　塗鴉是在紙上的一種創造，嬰兒在握筆移動中發現自己移動的軌跡出現在紙上，每一筆塗鴉都是記錄，安全地將他對環境的探索，轉移到紙上的二度空間。塗鴉是嬰兒資淺生命歷程的大發現，他需要學習很多的事情，這只是一個開始。嬰兒在塗鴉中發現了點、線和色彩。視覺感官的豐富性擄獲他的注意力，當他在紙上用筆畫出一條線，就像似魔法一樣出現了線和色彩，他畫的越多，點線、色彩占據越多紙面，這些是他創作出來的，嬰兒心滿意足地看著自己的塗鴉，未來嬰兒將發展新的群組和造型，那是和玩手搖鈴、布偶不同的體驗，是嬰兒版的益智遊戲，他

在當中發現創造的樂趣，比起玩手搖鈴發出聲音，大部分的嬰兒更有意願握筆塗鴉，這個遊戲滿足他的好奇心、豐富認知與創造力，令他樂此不疲。

作者建議嬰兒塗鴉，在3歲的關鍵期來臨前，讓手的活動刺激神經元、突觸連結，增進嬰兒大腦的發展。另一方面，由於神經元發展並不易察覺，大腦的成長除非有儀器協助，否則不容易被外界所發現，但是一旦嬰兒開始塗鴉，便可從塗鴉觀測他手腕的靈活程度、手眼協調、眼睛辨色來檢視嬰兒的發展狀況，以利趁早察覺異樣。

舉幾個例說明塗鴉有觀察孩子發展的功能。3歲大的幼兒已有能力畫出一個單獨的圓形，我們從圓形的起頭(起點)和結尾(結束)的接合，可以觀察幼兒手眼協調，頭尾筆觸接合好的手眼協調能力較好。成人手眼協調能力好，畫圓形時頭尾筆觸都能接好，幼兒畫圓形頭尾筆觸會交錯、重疊，表示他的手眼協調能力尚在發展中。另外，有極少數孩子眼睛裡的某個色彩的錐體細胞不足，影響他的色彩辨識，陪伴嬰兒塗鴉的成人，可以從孩子塗鴉和對談中測試他對色彩的認識，提早發現問題。這些是我們從孩子塗鴉中可以觀察的，不須要借助儀器和注射。

　　再大一點的嬰兒畫出較少圈數的渦形線，再進化成單獨的圓形，這時圓形被用來象徵所有的東西，進入圓形期幼兒從塗鴉遊戲建構的內容便跨入了另一個階段，從基礎的線條進展到組織的形狀，由抽象感覺轉入概念化的符號描繪，一個涉及身體動作與心理認知的過程，即將點點滴滴的從塗鴉中建立起來。套用迪倫•湯瑪斯曼(Dylan Thomas)的詩句：「我獨一無二的崇高心靈在所有愛的國度都有見證。」註10 未來嬰兒的身心，也都將一一從塗鴉中獲得最完整的見證。

推薦閱讀

1. 《童年的秘密》，瑪麗亞•蒙特梭利 (Maria Montessori)著/ 單中惠 譯，上游出版

　　蒙特梭利所有的觀點都從尊重、了解、愛護兒童出發。作者受益最多的是她談論嬰兒敏感性的章節。敏感性是右腦所擅長的，在3歲前由右腦主宰嬰幼兒的行為。我們如果認識孩子有敏感性，就能循著線索找出讓他吵鬧、不安的原因，有效解決問題。

2. 《跟小小孩一起閱讀》，蘇珊•史特拉伯 (Susan Straub)、安東尼亞(Kj Dell' Antonia)合著 / 鄭鳳珠 譯，小東西圖書

　　家長不可能時時刻刻都陪著孩子，所以要引導孩子閱

讀，從小養成閱讀習慣。本書的作者蘇珊是「為我朗讀(Read to me)」計畫的創始人，她鼓勵家長讀書給新生兒聽。在這本書中，我們能獲得孩子不同階段的閱讀和教養建議。教育部有個「閱讀起步走 - 嬰幼兒閱讀推廣活動計畫」會出版一本「適合寶寶看的書」，陳列在各地圖書館可以免費索取，小手冊中推薦台灣出版適合嬰幼兒讀的書給父母參考，鼓勵親子共讀。

註解

註1・p98・*Paul Keel*・Werner Haftmann・Prestel・1957

註2・p141・*Child Development (sixth edition)*・John W. Santrock・Brown & Bench mark Publishers

註3・p50　/　註4・p127・《童年的秘密》・瑪麗亞•蒙特梭利(Maria Montessori) 著 / 單中惠　譯・上游出版

註5・《如何盡早發現孩子的天分》・湯瑪士•馮克瑞夫 (Thomasn Van-krafft)、愛德溫•薩姆克 (Edwin Semke) 著 / 林曉君　譯・奧林文化

註6・p66・《愛彌兒》，尚•雅克•盧梭(J. J. Rousseau) 著 / 魏肇基　譯，台灣商務印書館

註7・p162・《童年的秘密》・瑪麗亞•蒙特梭利 (Maria Montessori) 著/ 單中惠　譯・上游出版

註8・p52~54・《如何訂做一個好老師》・肯•貝恩 (Ken Bain)　著/ 博士哲　譯・大塊文化

p54，「個人性的」讚美(你好聰明哦，可以把這事情做好)，而
「非任務性的」肯定(你把這件事做得很好)，「個人性的」比
較相信智能是固定的，不能隨努力而擴展。所以日後一旦遭
遇挫折，深植內心的觀點很可能會引發一種無助感，認為自己
沒有想像中的聰明。

註9，p162，《心思大開--我在腦中顯影》，史蒂芬•強生(Steven
Johnson) 著 / 洪 蘭 譯，遠流出版

註10，迪倫•湯瑪斯曼 (Dylan Thomas) 威爾斯詩人、作家，來自《
當我所有的五國和鄉村的感官都看見》這首十四行詩。

補充

補充1，第一章運動，《大腦當家》，約翰•梅迪納(John Medina) 著
/ 洪蘭 譯，遠流出版

補充2， 蠟筆和彩色筆是嬰兒常用的材料， 各有優缺點。 蠟筆有分
油蠟筆和粉蠟筆，嬰兒握油蠟筆塗鴉時需要用比較大的力道，
才能顯色在紙上，當嬰兒施力輕時，油蠟筆畫在紙上的色彩便
不明顯，對嬰兒的視覺感官刺激小，孩子獲得的回饋較少。粉
蠟筆會比油蠟筆容易顯色，情況稍好些。彩色筆的優點是最省
力，嬰兒用再小的力道也會顯色在紙上，回饋最好，但是容易
染色，弄髒孩子的手和衣服。如果成人容許孩子弄髒，也能找
到無毒又好清潔的彩色筆，作者推薦嬰兒用彩色筆塗鴉，能獲
得最有效的視覺刺激。

補充3．p 38~p 71．《第二章 讚美的陷阱，危險的讚美 - 誇獎孩子

　　千萬別說你好棒！》丁玼瓊、金允貞 著／林建豪 譯，尖端出版

補充4．關於牆面塗鴉請參考澳洲教授馬文•巴特 (Marvin Bartel)的文

　　章，網址 http://www.goshen.edu/art/ed/draw.html

　　越是大面積的作品越難以掌握，挑戰性越高。但是，從大件作品中所獲得的回饋是小件作品所遠遠不及的。大牆面對孩子就像是大作品。成人想想看，在大面積、大範圍的牆面上塗鴉並不是件容易的事情。如果孩子把塗鴉畫得太小，站遠看不清楚效果不好，下次他就會注意到圖案大小的問題，也許一次，也許二次，也許更多次，他慢慢的會知道在大牆面與紙張之間的差異，知道如何去調整塗鴉符號的大小。

　　孩子需要從大面積的練習中，去學習、認識他必須掌握的要領，體驗畫出的線條粗細、形狀大小、色彩的搭配。成人們往往忽略，這些內容是讓幼童有機會去嘗試錯誤的一種訓練。任何在塗鴉中的失誤，對幼童來說都是一個練習的機會，有機會犯錯是很棒的，有益於日後的反省進步。從大牆面的創作過程孩子學習面對失誤和修正，有補救和承擔的經驗，當他們在其他事件犯錯時，就能採取比較安全，有效率的補救辦法。在成長中需要有從錯誤學習的教育，讓孩子有補救失誤的經驗，才有能力化失誤為轉機；反之如果缺乏訓練與經驗，那一旦有失誤，要反轉頹勢可就沒有那麼容易。

第 **5** 章 啟蒙塗鴉

透過鏡像神經元的機制引導嬰兒，

讓他用與自身相符的能力模仿，

由於敏感性和新生的衝擊，

初期嬰兒的塗鴉大都是粗雜

和混亂的線條。

人是經由一再的經驗，來獲得一件事物的正確概念。

赫爾曼•赫爾姆霍茲(Hermann von Helmholtz) 醫生、身心理學家

　　成人喜歡逗弄嬰兒，看著他笑呵呵地揮舞雙手，接下來嬰兒的雙手將會更忙碌，不斷發現新的、有趣的事物。瑞士兒童心理學家尚•皮亞傑(Jean　Piaget)在其著名的兒童認知發展理論中，將出生到2歲劃分為第一個階段–運動感知(Sensorimotor　Stage)，在這個階段嬰兒通過移動、運動來感受和察覺事物。皮亞傑經由觀察、記錄自己的三個兒女在成長中對事物的反應，整理、對照兒童年齡建構認知理論，他認為在運動感知階段嬰兒的認知與「動」的關係密切，嬰兒藉著身體與感官的「動」探索世界，認識人與環境。

塗鴉的相關訊號

　　大部分的嬰兒在7至8個月大學習爬行，他需要眼睛與手、腳的配合，練習他的行動力，基因遺澤引導他的感官與身體協同工作，在爬行中嬰兒的四肢慢慢地鍛鍊，直到他有足夠強度支撐自己站起來，成為一個獨立行走的人。

　　嬰兒的每一天都因為手腳、身體移動收獲一連串的感官體驗，充實他的生活，類似塗鴉的動作約在嬰兒12個月大就有跡可循，成人可以在這個時間積極引導嬰兒塗鴉，或是順其自然，等孩子自己去模仿塗鴉。

　　德國藝術教育家蕊娜特•吉兒(Renate　Gier)認為：「孩子第一次拿湯匙攪動盤子裡的食物，在盤子上留下移動的刮痕，或是用手指頭在起霧的窗戶上塗抹，都可視為塗鴉。」註1嬰兒的手帶動身體，手臂的活動 (上下搖晃、拍打、轉圈圈)，或是手握一個裡面裝有小顆粒的塑膠玩具，搖起來會發出沙沙沙的聲音，拿到其他的東西嬰兒也會搖一搖。這些搖玩具、手鼓的動作其實與運動感知塗鴉的動作非常相似，搖晃玩具的經驗，讓嬰兒抓握筆很自然地也會搖　搖，有可能在無意間畫出線條。更好奇的嬰兒會想要搶奪成人手中的筆，他把筆當成玩具，如果有個模仿的對象，他也會想要握

筆寫字。無論是搖晃玩具、盤子的刮痕，或是不小心拖筆畫出的線條，都是嬰兒有能力塗鴉的訊號，即使沒有被引導塗鴉，嬰兒仍舊會有類似運動感知的行為，會在生活中尋找其他的替代活動。

成人選擇嬰兒開始塗鴉的時間，因孩子的身體健康、手臂強度不同，有許多的彈性。假如孩子的身體狀態良好，但是塗鴉訊號不明，成人也可以安心的把塗鴉定在嬰兒15個月大。這個時間點屬於嬰兒期的第三階段，已具有抓握粗筆的能力，和初步理解力，會掀開報紙或拿走蓋住玩具的東西，會想辦法取得他要的玩具，能積極嘗試解決問題的方法。這時塗鴉距離3歲的關鍵期約還有21個月，搖晃玩具的聲音、排列積木可能無法滿足嬰兒的好奇心，他需要進階的遊戲刺激大腦的發展。

引導模仿塗鴉

1977年心理學家安德魯•梅哲夫(Andrew N. Meltzoff)的模仿實驗，證明只有42分鐘大的嬰兒有能力模仿成人的面部表情吐舌頭。趕在21世紀來臨前，大腦神經生理學家維托里奧•迦列賽(Vittorio Gallese)在論文中將鏡像神經元(mirror neuron)，這個1980年代在獼猴實驗中意外發現的神經元，命名後，正式介紹給科學家們。從上面這兩事件，我們知道

大腦中的鏡像神經元協助人去模仿，讓人在第一時間察覺他人的行為和情緒變化，所以，不用懷疑嬰兒無須學習就有模仿能力，而且這種能力會一直存在，協助嬰兒學習。早先作者在紐約市立大學選讀「兒童發展」課程時，跟隨皮亞傑的理論，認為兒童要到大約1歲才會模仿他人，是透過學習才懂得如何去模仿。在「鏡像神經元」的時代來臨之後，模仿可以是嬰兒學習的一種方法，科學家推翻先前皮亞傑學派的說法，鏡像神經元為嬰兒學習開啟了新的可能。

被稱為碼頭工人哲學家的艾瑞克•賀佛爾(Eric Hoffer)曾經以戲謔的口吻說：「當人們可以自由選擇去做他們喜歡的事時，他們通常是模仿彼此。」註2 這是艾瑞克從群眾運動中觀察到的行為，可見模仿是人們潛意識的傾向，是由內在需求所驅動的機制，鏡像神經元的模仿能力，讓人與人之間找到彼此聯繫的方法，橋接人際關係的流動。梅哲夫實驗中嬰兒模仿吐舌頭的行為，背後的心理因素是「好像他自己在照鏡子」，他找到一個像自己的朋友，模仿延伸嬰兒的共同感受，拉近與他人之間的距離，快速而有效地讓人產生親近感，這是鏡像神經元存在的目的，負責連結人性中群聚的渴望，模仿是人類的需求，特別是對身心正在成長的嬰兒，模仿虛擬了他的良師，也造就了他的益友。

　　嬰兒的大腦中有鏡像神經元，到了他12至15個月大，他的手有能力抓握粗的筆，正等待環境、外界的刺激，增強嬰兒塗鴉的行為。那麼下個步驟就是把模仿和塗鴉連結在一起，有些嬰兒已經會用手掌抓握筆，有些想要搶成人手中的筆，但是尚未將筆的功能內化為他的認知，還不知道握筆塗鴉。介於嬰兒會抓握筆到主動塗鴉，是需要成人的引導。成人在嬰兒面前畫運動感知塗鴉，讓嬰兒的眼睛接收訊號傳給大腦中的鏡像神經元，刺激嬰兒想要模仿的反應。一旦嬰兒模仿成人塗鴉，自然地用與其相符的手眼協調、手的能力去塗鴉。鏡像神經元預設了嬰兒內隱的心智運作，所以順勢由成人引導嬰兒模仿，促成嬰兒塗鴉的行為，這正是作者推薦的引導方法，讓成人引起嬰兒模仿的欲望，開始練習塗鴉。

內容與方法

　　人類是進化史上的高層生物，我們的心智懂得從經驗中學習，即使10幾個月大的嬰兒也有從經驗中充實行為的能力。起初嬰兒用手掌抓握筆，他不認識筆的功能，只是單純的模仿成人的行為，手握筆在紙上拖出線條，嬰兒做這個動作的時候，模仿的是成人動作的樣子，關於筆、紙的功能和其中關聯還沒有被他的心智所感知，他從來沒有抓握筆畫在紙上的經驗，對於要施加力量在筆上面完全沒有概念，塗鴉的線條大部分是嬰兒用筆拖出來的。附圖這些作品是孩子首

14個月大的嬰兒首次塗鴉。

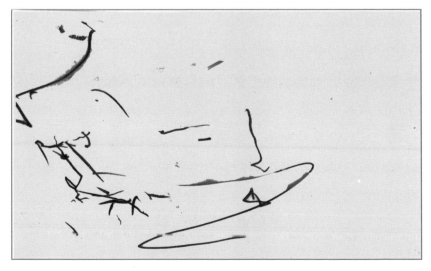

13個月大的嬰兒首次塗鴉，還沒有主動控制筆的意識。

12個月大的嬰兒首次塗鴉，
撕毀紙張，畫第二張才用筆
拖出線條。

次模仿幼兒園老師塗鴉，懵懵懂懂地拖著彩色筆畫出線條，
部分線條的力道是虛弱的，缺乏一種主動控制的作為，有幾
筆是嬰兒有意識施力而留下的線條。嬰兒拖筆畫的和控制筆
畫的線條很相似，兩種線條有時不易分辨，但是兩種線條所
反映嬰兒心智運作的深度截然不同。

　　嬰兒從12至15個月大開始塗鴉，就進入了一個緩慢的進
步過程，抓握筆塗鴉的行為，由於嬰兒塗鴉的次數增加，將
早先的體驗（筆可以畫出線條）與逐漸明確的認知（他可以
自由的控制筆）相結合，嬰兒控制筆的意識會越來越明確，
一次又一次的他不斷加添線條，畫出上下、左右、兩端來回
移動的運動感知塗鴉。初期由於嬰兒還不太會旋轉手腕，大
部分是由手肘(前臂)帶動畫出直線，偶而因筆的滑行畫出少
數曲線，參雜在直線中。未來隨著塗鴉進步，除了手肘(前
臂)的動作，也會逐漸加大手腕旋轉的幅度，待嬰兒持續塗

鴉一段時間後，弧線、曲線才會出現。補充 1

　　由於我們是透過鏡像神經元的機制引導嬰兒，所以示範的塗鴉必須是嬰兒有能力畫出的，他才能用與自身相符的能力模仿。在引導12至15個月大的嬰兒，要參考運動感知塗鴉的畫法，屈從嬰兒目前的能力，在引導時畫出相似的塗鴉。

運動感知塗鴉

　　筆上下、左右、兩端來回移動畫出的線條和線團是一種運動感知塗鴉。嬰兒在發現筆的功能之後，塗鴉便是他們的運動和遊戲。當嬰兒用手掌抓握筆畫出一條線和更多的線時，他們的身體都跟著動了起來，如果線條畫得快，那麼由手所帶動的全身動作也會跟著加快。尚·皮亞傑(Jean Piaget)說：「兒童對世界的探究，最初通過活動，然後通過意象，最後才通過語言來進行.....在開始時既沒有自我，

也無外在的世界，而是一種連續，社會因子也是同一結果的傾向，嬰兒最初的活動就在社會中生長，意即他的雙親，特別是媽媽，介入他一切的動作(餵奶、吸吮、抓東西、說話)，和他一切的情感中。因此，根據這一觀點，每一個動作都是前後連貫的部分，所以自我的意識並不是伴隨兒童初期本有態度的活動，而是以行為或其他方面有過接觸的功能才漸漸的顯現出來。」 註4

　　在初期嬰兒的畫紙上最常出現上下、左右、兩端來回移動的線條，由運動手肘(前臂)所畫出，那些線條和線團與嬰兒的感覺和記憶相關，是他們回憶起「在溫暖濕潤的子宮中隨著媽媽行動而搖晃」的胎兒期記憶 註5，他剛離開媽媽子宮不久，嬰兒與媽媽之間的分分合合 (放下嬰兒→抱起嬰兒)重覆的動作，呼與吸空氣的生理節奏，強化塗鴉時兩端移動的知覺，呈現出上下、左右、兩端來回移動的線條。初期嬰兒的運動感知塗鴉風格，大都是粗雜、混亂的線條，一方面由於手控制筆的穩定、精細技能力不足，另一方面，嬰兒從眼耳鼻口觸收到太多來自環境的訊號，他的敏感性會放大訊號的感受，在塗鴉時表現出來。

　　當嬰兒用筆連續畫出點、短線也算是運動感知塗鴉。點在嬰兒的塗鴉中偶爾會以短線的樣子出現，不論是用戳的

嬰兒初期塗鴉最常出現兩端來回移動的線條屬於運動感知塗鴉。

能量的點，感官感覺的符號。

或拖的畫出來，這個符號有時穿插在線條中，有時會單獨出現，是一種情感的標記，反映嬰兒的能量。

　　胎教音樂以胎兒在母體內有感知為基礎，為胎兒設計聽覺的啟蒙課程。事實上，自胎兒有能力辨認聲音的那一刻起，更早伴隨他的其實是媽媽的心跳與脈搏震動，在胎兒的腦尚未發育，心臟即已形成並開始跳動，這時候胎兒居住在液態、溫暖的子宮中，擁有媽媽與自己的心跳聲日夜陪伴，心跳是人生理的運作，剛離開子宮不久的嬰兒，對胎兒期的記憶並不遙遠，關於心跳這種短促、穩定、低調的聲音，嬰兒會用聲音形式和視覺形式最接近的「點」來表現。

　　媽媽的心跳始終是胎兒安心的節奏。在《嬰兒行為發展》期刊中，根據30對母子所做的研究，發現媽媽與嬰兒的心跳在嬰兒3個月大前，幾近於同步的跳動，媽媽的腦波

還會影響嬰兒的心跳，這項研究為「母子連心」做出了最佳的說明，同時也讓我們理解媽媽的心跳對胎兒的意義。

在嬰兒塗鴉中，「點」出現的次數遠比線條少，但是一旦嬰兒畫出「點」時，總是顯得特別不同，情緒高昂，手上的筆以跳躍的方式連續接觸畫紙，有時畫得太用力，還會弄斷筆、戳破紙張，「點」這個符號充分展現嬰兒的能量，是嬰兒情緒起伏的最佳解說員。

引導嬰兒模仿塗鴉

當我們引導嬰兒模仿塗鴉，由於年幼的孩子專注的時間很短，又容易分心，所以我們示範塗鴉時，每次只用一個色彩和一張白紙，也給嬰兒相同的東西。成人要對嬰兒說：「畫畫，一起畫畫。」做出塗鴉的示範動作。不要在桌上留下多餘的畫材，讓嬰兒分心玩筆、筆蓋和撕紙、揉紙，無法進

入塗鴉的情境中。初期引導嬰兒模仿塗鴉就像是種考驗，如果嬰兒真的玩起筆和紙，成人要耐心的讓嬰兒玩一會兒，再轉移注意力，帶引他塗鴉。

　　不是每次引導嬰兒塗鴉都有理想的成果，有許多嬰兒只畫幾筆就吵著要玩別的，沒有心思塗鴉，所以成人的口語引導和示範要重複做。初期每次嬰兒塗鴉的時間大約在十分鐘左右，從紅黃藍黑的基本色中，成人挑選一個色彩給嬰兒使用，主要使用白色紙，回收紙或影印紙皆可。未來隨著嬰兒的注意力情況可再拉長時間，增加彩色筆的數量，或改用有底色的紙、大紙張，請不要一次給嬰兒一大盒彩色筆，他們的辨色能力尚未完備，過多色彩容易導致孩子分心。

　　一旦嬰兒主動開始塗鴉，成人引導的角色就大功告成。如果成人想繼續陪伴嬰兒塗鴉，同樣要注意塗鴉的內容必須參考孩子的能力。在塗鴉過程中，成人協助嬰兒標示每次塗鴉的日期、紀錄塗鴉時間、收集塗鴉作品和補充材料，謹守觀察和陪伴的角色，來支持孩子塗鴉。

塗鴉的動機

　　鏡像神經元幫助嬰兒模仿塗鴉，意圖與人產生連結。但是，也有另一個面向是以常識心理學西格蒙德•佛洛依德

2歲幼兒首次塗鴉，畫出兩端移動的運動感知塗鴉。

(Sigmund　Freud)的精神分析和Suttie Ian D.的著作*The origins of love and hate* 為基礎，認為塗鴉是嬰兒在斷奶後，與媽媽分離所產生的不安與寂寞，所以藉著塗鴉弄髒自己和環境，來引起媽媽的注意，擴大解釋為嬰兒想要返回哺乳期，再度被媽媽關愛的一種努力。日本學者霜田靜志附和，在他的書中談到：人發展的主要動機來自於分離的焦慮，所以無法籠統的以人的慾望和貪婪，去涵蓋人和其他人或群體所發生的衝突，必須回溯到人的童年期與至親分離所產生的剝奪感，這種想要被愛的願望與焦慮，主導了人從搖籃到墳墓的一生。 註6

　　霜田靜志把塗鴉的動機放大到了不可思議的程度，美術老師趙雲以媽媽的角色否定說：「我的孩子並未經歷由斷奶而產生的不安和焦慮，但到了1歲多，他們和別的兒童一樣開始塗鴉。我曾經觀察其他人工哺乳的嬰兒，其斷奶過程亦

21個月大的妍妍塗鴉

如上述那樣，但是到了該塗鴉的年齡他們還是會開始塗鴉，由此可知塗鴉與斷奶之間並沒有必然關係。」註7

　　大部分的嬰兒是自然地開始塗鴉。有些孩子很善於觀察與模仿，從模仿父母用筆寫字，兄姐畫畫開始塗鴉，其他的孩子也許是照顧的成人看他們握湯匙很穩定，於是給嬰兒紙筆塗鴉。所以，作者認為塗鴉的動機不能忽視嬰兒的敏感性，想要表達自身感知的內容，塗鴉給了嬰兒訴說的窗口，讓他有機會表達生活中的點點滴滴。

　　關於心理因素被視為塗鴉動機的說法，或許能從「陌生情境」的實驗結果中得到一些啟發。由發展心理學家瑪莉•安思沃斯(Mary Anisworth)所設計的「陌生情境」，觀察9至18個月大的嬰兒與媽媽之間的依附關係。實驗設計讓媽媽突然離開陪伴嬰兒的玩具間，之後觀察嬰兒的反應，再將他

們分類。大約有2/3的嬰兒在媽媽離開玩具間時，會短暫的哭鬧，待媽媽再出現時，會很快地找她，這些嬰兒被分類為「安全依附型」。大約有1/5的嬰兒在媽媽離開和出現都沒有明顯反應，被分類為「逃避依附型」。另外有極少數的嬰兒在媽媽離開後哭鬧到失控，只好停止實驗。最後有少數的嬰兒表現錯亂，媽媽出現時很快地找她，但是情緒憤怒會打媽媽，被稱為「矛盾依附型」。

　　作者從「陌生情境」的五種依附關係，推測是嬰兒與媽媽的相處模式 補充2 直接或間接影響了後來塗鴉動機的差異化。如果把塗鴉當成是一個果實，所有的內(嬰兒的性格與敏感性)、外(包含媽媽性格的廣義環境)原因，都可能影響這個果實的成長，和它成長後的樣貌。斷奶與塗鴉的關聯是隨嬰兒與媽媽的性格和相處模式而變動。假設母嬰之間契合、孩子身心平衡，塗鴉動機中的補償成分就不會太高，比較多的成分是嬰兒想要傳達生活中的感官感覺；反之，如果嬰兒與媽媽的關係不理想，那他的塗鴉動機就會傾向有較多補償匱乏的涵意。

嬰兒塗鴉的優點

　　神經心理學家認為所有的生物在生命初期都有許多可依循、參考的共同性，其中之一就是生命初期的可塑性最大，

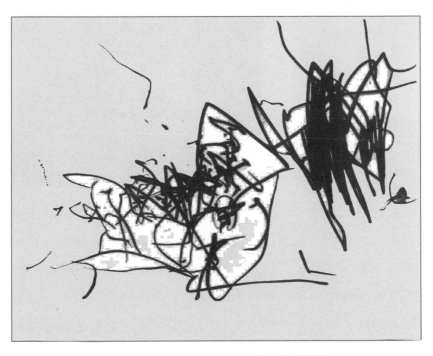

嬰兒透過塗鴉體驗紙筆的功能和環境的認知。

其次是生命最初幾年是成長發育的關鍵期。年輕的生命沒有太多生活經驗，成長尚未受到外界的定型與框架限制，有珍貴的可塑性，可塑性與關鍵期交集的時間大約在幼兒期。如果在這段時間孩子的神經系統受到傷害或缺乏營養，一旦過了關鍵期，便很難逆轉；相反的，在關鍵期有營養的食物和適當的環境，便可預期地順利成長。註8

在柏克萊大學馬克•羅森茲威教授(Mark Rosenzweig)所參與的兩組老鼠實驗，證實除了供給充足的水和食物之外，還配備有玩具設施的那組老鼠在80天之後，大腦皮質中主司視覺的部分比另一組老鼠增加了4%，實驗指出豐富的環境品質促進神經元有較多的突觸和更多的神經鍵、樹狀連結。也有研究指出因為營養不良或缺乏關愛所造成的大腦發育遲緩，如果更換一個營養和豐富刺激的環境，情況便能獲得改善，即使是唐氏症的兒童也有助益。

　　我們要好好把握大腦可塑性和關鍵期交集的時間，讓嬰兒在12至15個月大開始塗鴉。一旦嬰兒畫運動感知塗鴉，就會由眼睛的視網膜接收，再經視丘傳遞訊號給枕葉中的初級視覺皮質區，進行視覺、知覺的判斷，運動皮質區聯繫脊髓，脊髓神經再傳訊號給手，嬰兒塗鴉時動用的神經元和中繼站都成為刺激大腦神經元的最佳途徑，這就是塗鴉裨益大腦發展的原因。

　　嬰兒需要很多的睡眠時間，他們通常以哭泣表達睡不好、睡不夠，但是介於未達哭泣程度的煩躁、不舒服，他們還沒有能力說明。這時塗鴉可以適時消耗嬰兒過剩的精力、紓解壓力，或者在嬰兒哭鬧時當做一種轉移注意力的遊戲，讓嬰兒在運動感知塗鴉中消耗一些體力。家長請別在意嬰兒已經畫了幾個月，內容看起來還是差不多的樣子，事實上，這些線條是嬰兒對紙筆功能的體驗和環境的認知。現階段嬰

兒連走路都還不太會，父母擔心孩子跌倒會有行動上的限制，所以紙上塗鴉被嬰兒當成移動的一種延伸，透過塗鴉他傳達自己與環境的關係，以及對移動的體驗。請家長在每次塗鴉後，協助嬰兒寫下塗鴉的日期，時間一旦拉長，我們有前後期的塗鴉做對照，就可以從中發現一些不起眼，但是有趣的變化。

小小新手的塗鴉筆記一

嬰兒開始塗鴉的作品，看起來就像是隨便亂畫，許多的家長都有相似的經驗，很擔心孩子是不是走向正確的道路？所以，接下來作者以咚咚為例子，說明與記錄這些可能發生的微弱訊號。

16個月大的咚咚自己發現了筆的遊戲，而開始塗鴉。由於她的年紀還小，手的力量不足，一條線在下筆畫比較用力，起點的線頭色彩深，結束時的力道輕色彩淺。手移動蠟筆時，像似拖著蠟筆在紙上走，控制線條方向的意圖較為模糊。最初的塗鴉線條混亂，純粹是記錄咚咚移動蠟筆的軌跡，她還沒有積極用手控制蠟筆畫線條的意識，只是微弱感知手與筆之間的關連。

18個月大的咚咚每天都塗鴉，樣式大都是粗雜的線條。

16 個月大的咚咚剛開始塗鴉施力不均勻。

18個月大的咚咚畫出有空間感和節奏感的塗鴉。

有時咚咚把線條重疊在一起，另外再加3~5筆不同方向的筆觸，目前她已經塗鴉2個月，畫的線條仍舊混亂，但是隱約有一種節奏在線條中，咚咚的注意力比剛塗鴉時拉長，控制筆的意識也有慢慢地增加。

檢視塗鴉一

成人引導塗鴉時，可選擇以週或月為單位，記錄塗鴉的變化，作為塗鴉前後的對照。拍照或文字記錄、收集嬰兒的作品，協助、確認進程；或是當孩子在不明、停頓、重複的階段時，也能較為安心地等待他順著自己的節奏慢慢成長。初期我們從施力與時間來觀察嬰兒塗鴉，塗鴉線條的施力反映出嬰兒的身體發展和手的強度，塗鴉時間的長短與嬰兒的興趣、注意力有關，以下兩個問題提供參考：

1. 線條的施力如何？（1~10為評量）
2. 每次塗鴉的時間長短？（記錄大約畫了幾分鐘）

推薦閱讀

1. 《愛彌兒》，尚•盧梭(Jean J. Rousseau) 著 / 魏肇基 譯，臺灣商務印書館

   讓孩子在自由發展中增長他們的智識，任由他們自己摸索去累進生活經驗，和一切的生活方式，孩子可以從自然生活中領悟出來，而不須向社會學習，不用承擔社會

的磨難和痛苦。盧梭在《愛彌兒》中提出「回返自然」的覺醒觀點，影響了十八世紀的歐洲，本書直到今天仍發人深省。

2. 《當下的教養》，蘇珊•史帝佛曼(Susan Stiffelman) 著 / 謝佳真 譯，橡實文化

蘇珊是《哈芬登郵報》的「親職教練」專欄作家，原先她平靜的修行生活，因為結婚生子而造成了混亂，她矢志在心靈活動和現實家務中找出平衡點，本書是她借重自己的個人經驗，提出身為父母心靈成長的建議。

註解

註1，p7，《從孩子的塗鴉看出他的內心世界》，蕊娜特•吉兒 (Renate Gier) 著 / 劉孟婷 譯，奧林文化

吉兒認為塗鴉是孩子的表達工具，在引導孩子塗鴉時，會遭遇疑問，她用專業的角度去探索和理解孩子的內在經驗和表達，在書中她用一問一答的方式，解答許多關於兒童塗鴉的疑問。

註2，艾瑞克•賀佛爾 (Eric Hoffer) 是一位辛勞的藍領作家，他在 7 歲至 15 歲期間失明，而後又神奇復原。艾瑞克一度因為生活困頓企圖自殺，卻沒有勇氣喝下毒藥。自殺未遂反而激發他奮發圖強，利用時間不斷閱讀充實自己，在他的生涯中做過農夫和搬運工，《狂熱分子》是艾瑞克最為人所知的一本著作。

註3‧p124‧《透過藝術的教育》‧赫伯特•里得(Herbert Read) 著 / 呂廷和 譯‧雄獅圖書公司

註4‧p8~10‧《從孩子的塗鴉看出他的內心世界》‧蕊娜特•吉兒 (Renate Gier) 著 / 劉孟婷 譯‧奧林文化

註5‧《兒童畫的心理與教育》‧雙田靜志 著 / 蔡金柱、李叡明 譯‧世界 文物

註6‧p15‧《兒童繪畫與心智發展》‧趙雲 著‧藝術家出版

註7‧p36~39‧《發現七種IQ》‧霍華德•嘉納(Howard Gardner) 著 / 莊安琪 譯‧時報出版

美國哈佛大學嘉納教授在1983年提出多元智慧(MI)理論‧將人類 智慧能力分成語文、邏輯、數學、空間、肢體、動覺、音樂、社 交、內省七種‧他認為人的一生中‧七種智慧不斷地受到先天或 後天的影響啟發或封閉。

補充

補充 1. 父母關心孩子的成長‧在意孩子的成長曲線‧下面幾位專家提 出兒童塗鴉的進程可供參考：

美國成熟理論教育家阿諾德•格塞爾(Arnold L. Gesell)的嬰幼兒塗 鴉評量‧指出平均15個月大的嬰兒有能力模仿塗鴉‧18個月大的 嬰兒能自主塗鴉‧2歲有能力模仿成人畫線條‧2歲半有能力分辨 水平線和垂直線‧3歲有能力畫圓形‧4歲有能力畫十字線‧4歲 半有能力畫矩形‧5歲有能力畫三角形。

李夏德•金茲爾(Richard　　Kienzle)與幾位教育家根據統計調查，制定兒童繪畫發展的時刻表：嬰兒從1歲起多數是偶然地模仿畫線，1歲2個月開始左右手的圓弧狀塗鴉，1歲6個月起會做圓形塗鴉，1歲8個月起塗鴉符號是四散分布，1歲9個月起畫出孤立的塗鴉符號（鋸齒狀、渦形線等），從1歲塗鴉到2歲，孩子逐漸懂得有秩序的分配紙面。1歲至3歲期間幼兒會畫有含意的塗鴉符號，頭足人、媽媽、狗狗等。

提倡《創造性取向》的美術教育學家維克多•洛恩菲爾德(Viktor Lowenfeld)在他的知名著作《兒童美術與成長》中，將嬰兒開始拿筆到有能力畫圓形的期間區分成四個階段：

未分化的塗鴉：嬰兒剛拿筆玩，不經意畫出線條。

控制塗鴉 ：塗鴉一段時間之後，手逐漸有能力控制線條，畫出各
　　　　　　種方向的線條。

圓形塗鴉：手眼協調更好，重複畫圓形。

命名塗鴉：會用簡單的字詞為塗鴉命名。

更早期的資料是心理學家西里爾•白特(Cyril　Burt)在他的《心理與學業測驗》這本書中談到幼兒塗鴉區分的階段和特徵：2至5歲是屬於錯畫階段，3歲為錯畫的巔峰。錯畫階段又可細分為：無目的的畫（肩部右至左前臂移動）、有目地的畫（會為所畫的符號命名）、模仿畫（手腕取代前臂動作，再由手指活動取代手腕，努力模仿成人的繪圖）、部位錯畫（兒童模仿畫物體的某部分）。

上述幾位專家提出的塗鴉階段，依據塗鴉時程起訖，觀察面向而

產生差異。作者認為塗鴉進程因啟蒙的時間，影響孩子後續的發展，從嬰兒期開始塗鴉的孩子，進程會比較一般平均快，到3歲能畫出類圓形和組織造形，如果孩子直到5歲還沒有機會塗鴉，在畫圓形時的協調能力，明顯落後於有塗鴉習慣的同齡孩子，這當中主要差異就在時間，塗鴉啟蒙大腦，越是刺激，大腦神經元數量、突觸聯結就越多，大腦發展就越好。

補充 2. 從其他哺乳動物中，觀察到神經胜肽催產素和精氨酸加壓素，是大腦中複雜社會行為的關鍵介質，與之連動的包括依附關係、社會認知和攻擊性等。人類嬰兒與媽媽（主要照顧者）之間的依附關係如果達到穩定的和諧狀態，在他們的大腦內便會分泌一種「人際關係的神經胜肽 Affiliative neuropeptide」。反之，當人無法與親人發展出親密的依附關係時，不論是何種原因造成，都會影響他長大後的人際關係，身受焦慮和壓力所苦，導致社會行為受損與生活品質的低落。

Serotonon and neuropeptides in affiliative behaviors

https：//www.ncbi.nlm.nih.gov＞pubmed

第 *6* 章約20個月的塗鴉

塗鴉成了嬰兒的日常活動，

他的手抓握筆更穩健，

內容也產生變化，

逐漸從直線轉成渦形線，

嬰兒就像一位抽象表現藝術家，

畫出他的感覺和感情！

我不僅用手書寫，也用腳書寫。

弗里德里希•尼采 *(F. W. Nietzsche)* 哲學家

　　20個月大的嬰兒屬於運動感知階段。假使嬰兒在12至15個月大之間開始塗鴉，一直塗鴉到20個月大，大約有8至5個月的時間，嬰兒都在畫運動感知塗鴉。這種樣式顧名思義就是像運動一樣的塗鴉，嬰兒的手是重複的連續動作，包含前臂、手腕的移動，分成快、中、慢的節奏和速度，畫出線條。塗鴉的手(有的孩子會兩手輪流畫，或同時畫)帶動了他的小小身軀，在自己所創造的節奏中，體驗到了能量的流動，那種運動的美好。

塗鴉的樣式

　　隨著嬰兒手臂、身體的成長，他握筆更有力量。早先畫直線的運動感知塗鴉(上下、左右、兩端來回)，在持續塗鴉的過程中，有時會出現弧線，這是嬰兒自己在塗鴉中偶爾旋轉手腕畫出來的，目前他的手腕旋轉還不流利，需要一些練習時間慢慢地嘗試旋轉的幅度，塗鴉內容才會從

運動感知塗鴉，充滿了能量。

嬰兒塗鴉逐漸發展出
不同的符號。

直線漸漸變到弧線，再轉變成渦形線的運動感知塗鴉。

　　待嬰兒在塗鴉中熟悉旋轉手腕的手勢之後，會把直線和渦形線兩種運動感知塗鴉混著一起畫，乍看之下有些凌亂，但是單獨看一條線時，嬰兒從頭到尾控制得更穩健，渦形線旋轉流利，畫出的線條力道更為均勻，充滿了生動活潑的能量。

　　更進一步的孩子除了上下、左右、兩端的運動感知塗鴉，和渦形線團，也會畫一些小型的符號，長和短的直線、橫線，以各種角度交錯的十字線、曲線和少圈數的渦形線等。塗鴉符號不只展示嬰兒身體的成長，同時反映嬰兒最初的生活體驗，雖然沒有辦法解釋嬰兒畫的所有符號，但是可以把符號都看成一種表達，代表生命新手對生活環境的感受，以及他溝通的方式。

　　嬰兒的每一天在被照顧吃喝、睡醒的生活中成長，對孩子來說是大同小異的時光。一旦嬰兒開始塗鴉，就好似在生活中起了微妙的變化，成人習以為常的握筆寫字，對嬰兒來說卻是極為有趣的遊戲，他發現自己可以創造線條，他的心智在塗鴉中獲得啟蒙，不論是直線、十字線、曲線和渦形線都是他創造的。塗鴉幾個月後，嬰兒的行為也顯現出了差異，有時是情緒變得穩定、愉悅，有時會主動要求拿筆塗鴉。在塗鴉中嬰兒的注意力也會跟著升級，塗鴉讓嬰兒身心的轉變容易被察覺，增益嬰兒心智的成長，而他也從中發現樂趣。

　　只要嬰兒繼續塗鴉，順應他內在的進程成長，未來嬰兒的注意力將會更集中，手臂更為強壯，這些都是可預見的正面期待。我們欣喜看著孩子細微的轉變，隨時在旁邊觀察他塗鴉的狀況，幫他補充紙張或撿起掉落的筆，我們

很關心孩子，但是絕不直接指導他的塗鴉內容，也千萬不要更正他用手掌抓握的姿勢，他的手指尚未有正確握筆的能力，現在更正握筆姿勢會破壞嬰兒塗鴉的興致，留下難以修補的後遺症，對於某些高度敏感的嬰兒可能從此放棄不塗鴉了。另外，也千萬不要急著抓著嬰兒的手去塗鴉，強迫會適得其反，給嬰兒時間讓他自己模仿，就算不想塗鴉也沒有關係，為他保留塗鴉當成遊戲中的一個選項，在作者的經驗中有少數孩子真的沒有興趣塗鴉。

智能的適應

塗鴉為我們關心孩子開啟身體和心智兩條路徑，不需要諮詢專家，就可以從塗鴉中發現他身體成長和心智的內容。舉幾個例子來說，當嬰兒畫的線條筆觸或色彩不均勻時，我們知道這和孩子手控制筆有關，他的手施力不夠穩定；當嬰兒畫直線轉變成畫渦形線時，我們知道孩子懂得旋轉手腕，比起畫直線又進步了一些；當幼兒畫出一個頭尾筆觸銜接密合的類圓形時，我們知道孩子的手是穩定的控制著筆，手眼協調發展得還不錯，這些都是我們可以從塗鴉中觀察到的訊息。

塗鴉是孩子自主的行為，所以能夠真實地揭露他的心智內容。在第1章介紹皮亞傑(Jean Piaget)觀察幼兒，認

為智能就是一種「適應(Adaptation)」，而適應有兩種狀態，一種是「同化(Assimilation)」，發生在孩子合併新的知識到現有的，孩子並沒有因環境而改變自己，另一種是「順化(Accommodation)」，因環境改變而孩子也跟著調整自己，從原本的Kid，進階成Kid2.0版。智能的適應從小王子的蟒蛇吞大象插圖，和嬰兒塗鴉中都可以觀察到。

和子宮的單純環境相比，出生後的環境截然不同，嬰兒在塗鴉時自然表達感受。他畫上下、左右、兩端移動的運動感知塗鴉時，是一個資淺的生命，才從封閉的子宮生出幾個月，有面對陌生環境的恐懼，有來自眼耳鼻口觸的感官刺激，需要適應周遭人事物的壓力，還要不斷地努力學習坐、站立和走步，才有能力離開依賴的媽媽，成為獨立的個體。孩子成長的經歷，包含了各種的感受和情節，這些內容即將反映在塗鴉中。

初期運動感知塗鴉忠實地記錄幼小心靈的混亂和不知所措，他在塗鴉中表達所負荷的壓力，讓他一直畫（表達）那種狀態，這種情況將持續好幾個月，嬰兒塗鴉的內容才會逐漸變化。幾乎與獨立行走同步的時間，他的手流利地旋轉畫出渦形線，混亂的感受進入到一種內省的順化（請參考第 9 章好與壞的符號），渦形線好似他在子宮中的狀

渦形線反應嬰兒的適應。

態，在意識中保護著核心（胎兒）。當他從上下、左右、兩端移動的線團進展到渦形線時，除了說明手的成長，還反映了他的適應。嬰兒逐漸調整、適應現有的環境，這些經歷讓他的心智起了變化，一旦嬰兒有機會塗鴉就會表達，分享他的心情、他的經歷。

在兒童畫中也常出現適應的情況，一般兒童用八開或四開的紙張繪圖。當有機會畫全開的紙時，有些孩子就會畫大塗鴉元素，他們知道畫得和原先一樣的尺寸效果並不好，所以懂得調整元素大小。當然並不是每個孩子在第一次面對大紙張時，都知道要調整、改變原本的畫法，有些孩子需要嘗試錯誤之後，才能體認情境改變，而後調整、適應它。所以塗鴉是一種很棒的活動，讓幼兒在毫髮無傷的情況下嘗試錯誤，有許多機會用線條和符號來練習紙上的「適應（Adaptation）」，做為未來的暖身。

十字線就好似嬰兒生存的
空間與狀態。

十字線和渦形線

十字線。有時嬰兒會以垂直的手勢重複移動添加線條，待短暫停頓之後，倏然地轉成180度，往水平方向添加線條，嬰兒非常起勁的畫著線條，張力十足；有時嬰兒會反過來先畫水平線，再畫垂直線。這個時間點距離嬰兒開始塗鴉只有幾個月，從新生兒階段躺在嬰兒床上，到他克服地心引力學著坐、站和走步之後，站和臥的感覺直接衝擊他的感覺，他嘗試傳達這種經歷，好似站立的垂直線是嬰兒知覺到的活動空間，好似躺臥的水平線則是他休息的時候，垂直與水平重疊的十字線就好似嬰兒傳達所生活的空間狀態。

渦形線。嬰兒畫了一段時間上下、左右、兩端移動的運動感知塗鴉，會嘗試地加進手腕的旋轉幅度，先畫出弧線，之後再畫出渦形線。渦形線是圓形的前身，也是運動

感知塗鴉，是嬰兒最常畫的一種樣式。德國美術教育學家沃爾夫岡•格羅辛格 (Wolfgang Grözinger) 說：「初期的塗鴉是由運動引起的，形狀是手旋轉所畫出的線條，從手肘的運動開始的重複圓形(渦形線)，慢慢地簡化成圓形的組合，再進步到一個個獨立而完整的圓形。」註1渦形線是從直線的運動感知塗鴉進化而來的，帶著強烈的旋轉意味，需要嬰兒的手腕、手臂與身體的完全配合，他的手繞著相似的軌跡，能量在移動的渦形中自然旋轉。有的孩子會畫超出紙張的大渦形線，有的畫小渦形線，渦形線與孩子表達自我存在感有關，有時會在紙上形成一個清楚界定的核心，那個核心是重要的，被渦形線所圍繞和保護著。

　　探究嬰兒在什麼情況下畫渦形線？作者找到的資料是：嬰兒的身心發展比我們想像中的還要早開始，要回溯至未出生的胎兒期，他們的細胞已經感知所生存的子宮狀態。德國藝術教育家蕊娜特•吉兒 (Renate Gier) 說：「感覺並不是由各個感官分開進行的，也不是出生之後才有的，最初的感覺是整體的，包含了身體、精神和心靈。」註2 馬丁•道納斯 (Martin Dornas) 是法蘭克福佛洛依德研究所的教師，他認為：「嬰兒一些能力發展得更早，比如能夠更早感知環境和周遭所發生的變化，與外界互動」。註3 德國心理學家飛利浦•萊爾修(Philipp Lersch)進一步說

渦形線團與嬰兒自我存在感有關，有時在紙上形成一個清楚界定的核心，那個核心是重要需要被保護的。

明：「人在發展的最初階段，像一個封閉的球體，生活在他自己身體裡面，世界的吸引力只碰到球的外緣。」註4

　　上述的說法給出答案，在封閉的子宮中，胎兒期的新生命已有感知，母體供給安全與營養的環境，直到他出生後還銘記。當嬰兒塗鴉時，便嘗試將這種感覺畫出來，那是他熟悉的、安心的一種狀態，不論是現在與未來都將收藏在意識裡保存。或者說嬰兒畫渦形線是一種欲求將自己用線團(子宮)包裹起來的心理作用。長久以來，我們一直認為胎兒出生是充滿喜悅，而忽略胎兒出生時，因環境異動而產生的恐懼。原本他生活在液態羊水中，像魚一樣的悠游，然而出生後截然不同，環境變化對胎兒造成的衝擊，他需要些時間和方法來調適。所以待嬰兒有能力塗鴉時，會再現這些感受，他畫出渦形線當成一個安全的屏障，來保護子宮中的自己。

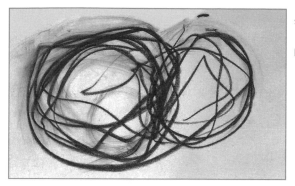

嬰兒畫渦形線去確認
自我的存在，是心智
的概念性表述。

　　另外一個觀察面向，渦形線是嬰兒確認自己脫離媽
媽，即將成為一個獨立個體的起手式，可視為一種心智的
表徵，反映嬰兒的認知。當嬰兒成長到了學步階段，他的
心智在自我/他人之間便逐漸產生明確的界定與分別，於
是他旋轉手腕畫渦形線，不斷地去確認自我的存在，嬰兒
在塗鴉中投射了他自己的認知。在作者的經驗中，沒有太
多塗鴉經驗的3歲幼兒拿到紙筆，不需要提醒也會畫渦形
線。孩子自我概念驅動渦形線界定紙面空間，在未來大腦
的發展中自我概念與額葉有關，主導了人的內在知覺，我
們對外界的種種感知很可能是從自我的概念開始萌芽。註
5關於渦形線所衍生的推論，引領我們認識嬰兒的心理狀
態，在他還不太會說話之前，塗鴉指引了迷宮的線索。

　　有許多人在買筆的時候，也會在紙上畫渦形線團，試
試看筆寫起來順不順手，講電話時，順勢抓筆也會畫一

咚咚20個月大的新發明—baby文字。

些渦形線團。美國藝術家塞•湯伯利(Cy Twombly)有一些作品也是渦形線，他用這個符號連結本能和意識。註6這些看似無意義卻很自然的隨手畫，與嬰兒塗鴉的渦形線相似，好似母體子宮的封閉狀態。種種跡象不禁令人聯想起渦形線與圓形、丸形、蛋形、橢圓形等類圓形的巧合相像，與生命之間的緊密連結，在地球上有無數的生命，禽鳥的蛋、魚卵、種子等，都從一顆類圓形開始生命的起點，追尋著光和養份生長，慢慢地長成美麗的樣貌。人們會把這種感覺畫出來，是因為這個形狀承載了豐富的情感成份，深深的儲存在人們的意識之中，從未曾忘懷。

待嬰兒再長大些，身心的許多發展跟隨著一起進步，渦形線團將減少旋轉的圈數，朝向更為精簡的圖形進化。從先前的渦形線團→渦形線(減少圈數)，嬰兒手眼協調越來越好，為了將來畫圓形做準備。持續塗鴉的嬰兒每隔一段時間都會進步，這時陪伴的成人也要跟著畫渦形線，配合他的成長。

由於先天基因和後天營養、健康、興趣、成人鼓勵等因素的交互作用，影響嬰兒塗鴉，從12至15個月大開始塗鴉，經過數個月後，塗鴉表現會逐漸出現差異化。另外，當嬰兒有情緒，睡眠不足、沒吃飽、不舒服的時候，或是

聽媽媽唱歌、說故事、吃糖果的時候，塗鴉線條也會反映嬰兒當下的情緒波動。塗鴉忠實紀錄嬰兒成長中所感、所想的，在他還不太會說話之前，滿足他表達的欲望、遊戲的衝動。補充1由於右腦先發展，造成了敏感性、創造力的共伴效應，影響嬰兒如同抽象表現主義註7藝術家一樣，真誠地畫出每一條線和每一個點。

小小新手的塗鴉筆記二

咚咚 20 個月大，每週都畫上 10 張塗鴉，從她的表情，可以感覺到，塗鴉是很好玩的遊戲！咚咚還不太會說話，但是會主動開口要紙筆，塗鴉是她最喜歡的遊戲。

目前咚咚畫的渦形線圈數減少，線條比較不雜亂，整體樣式看起來清爽許多。但是有一點不太一樣，咚咚留意媽媽寫字的內容，媽媽拿筆寫的字和咚咚塗鴉不一樣，這

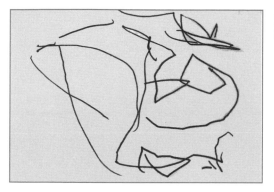

21個月大時，咚咚的塗鴉整齊許多。

些符號引起了她的好奇心。而不久之後，咚咚的塗鴉就出現了新的符號，看起來像是模仿媽媽寫字，咚咚還不會寫字，她模仿媽媽的字體畫出小小的符號，這大約是咚咚在20個月大的新發明─baby文字。這些圖和前面相比，咚咚已經有意識去控制線條，畫出一排整齊的鋸齒線，塗鴉從混亂逐漸收斂。她會一邊看著走近的狗狗，一邊塗鴉，眼睛並沒有完全停留在紙張上，而是一邊注意周遭的情況，一邊還繼續塗鴉，大約兩至三分鐘就完成一張塗鴉。

　　咚咚21個月大的塗鴉和前一段時間相比，手的施力更為均衡，她穩定控制手的移動，畫面較整齊，線條和符號逐漸增多。這段時間的改變是咚咚有意識到自己在紙張上創造一些有趣的東西，那是經由她的手所畫出來，她對自己很滿意，但是不像剛開始塗鴉那樣興奮，每週塗鴉次數減少，有時一次只畫2、3張塗鴉，就想玩別的東西。

　　咚咚 22 個月大的塗鴉出現簡化的渦形線和點，她畫點時筆觸總是很用力，不時發出點擊紙面的聲音，手臂有規律的上下擺動。咚咚情緒不佳時也畫點，這時畫點的力道幾乎就要戳破紙張，畫點比畫線條更能顯示她體內積存的情緒與能量。

檢視塗鴉二

　　成長中的嬰兒在短短幾個月的變化相當大，我們從線條來觀察孩子的狀態檢視塗鴉，以下兩個問題提供參考：

1. 塗鴉線條的運筆施力是否比早先均勻？
2. 有出現不同的塗鴉樣式或符號？

推薦閱讀

1. 《兒童塗鴉‧線畫‧彩畫──兒童造形的早期形式》，沃爾夫岡‧格羅辛格 (Wolfgang Grözinger) 著／王玉、梁波 譯，世界文物

   這本書是少數從運動感知塗鴉來觀察幼兒，對於幼兒依循內在的空間感、身體平衡感所畫出的塗鴉有深入說明。最特別的是作者讓幼兒雙手一起繪圖，這與我們慣用單側手的經驗不同，是很棒的建議。

2. 《幼兒的繪畫指導》，孫嘉樑 編譯，大坤書局

22個月大咚咚塗鴉出現簡化的渦形線和點。

22 個月大咚咚塗鴉的渦
形線再次簡化。

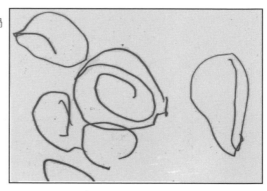

　　日本幼教專家收集數量眾多、內容豐富的兒童作品，
依時間排序詳細解說塗鴉和畫面的進展。

註解

註 1．p25-6　/　註 4．p27，《兒童塗鴉·線畫·彩畫——兒童造形
　　　的早期形式》，沃爾夫岡•格羅辛格 (Wolfgang Grözinger)著 /
　　　王玉、梁波 譯，世界文物

註 2．p8~10，《從孩子的塗鴉看出他的內心世界》，蕊娜特•吉 (Re-
　　　nate Gier) 著 / 劉孟婷 譯，奧林文化

註 3．p11~12，《孩子的畫告訴我們什麼——兒童畫與兒童心理解讀
　　　》，蘿絲•弗萊克•班格爾特 (Rose Fleck Bangert)著 / 程巍、許
　　　玉梅 譯，北京師範大學

　　　2~3歲的幼兒在塗鴉過程中，對界限和方向的區分，與他們嬰
　　　兒期的發展關係密切。渦形線是幼兒在運動感知塗鴉的新體驗，
　　　渦形線有始有終結，旋轉的方向也有一定規律，而這些很明顯

都是由塗鴉的孩子所決定的，他在塗鴉中知覺自主、控制線條的意識，這些讓他感覺和媽媽是一樣是獨立的個體。

註 5．p70，《大腦總指揮：一位神經學科學家的大腦之旅》，埃爾霍農•高德伯 (Elkhonon Goldberg) 著／洪蘭 譯，遠流出版

　　前額葉的特性在於它是意識的先決條件，即所謂內在知覺 (innner perception)。既然我們內在世界的任何層面都應該是意識的焦點，所以大腦中應該有一處是匯集的地方，這導致頗有爭議的一個假設，就是意識的演化與前額葉的演化是併行。

註 6．塞•湯伯利 (Cy Twombly)為美國知名抽象畫家，1950晚期以塗鴉似的抽象畫受到矚目。他和普普藝術家瓊斯、羅森伯格是好朋友，但是他的作品與當時符號、照片拼貼的普普藝術非常的不同。所以他離開家鄉前往歐洲。歐洲啟發湯伯利的創作靈感，同時他也不必再憂心自己與美國普普藝術的悖離，而解除了限制性與焦慮感。離開紐約與好友等同完全解開枷鎖，歐陸的環境為湯伯利注入新的感官刺激與泉源，使他的筆觸更加

　　肆無忌憚的放縱，他的畫兼具率性與樸實的質感。藝評家說：
湯伯利長久以來的創作生涯，深深影響了美國近兩代的藝術家
們，同時也確立他在美術史上的重要地位。

註 7．p36．*Art Speak*．Robert Atkins．Cross River Press．
　　1990風行於美國 1940年代中期至 1950年，源於康定斯基所定
　　義的抽象繪畫，首次出現在 1946年三月的《紐約客》雜誌，藝
　　評家羅伯•寇特斯 (Robert Coates)用來描繪當時的繪畫，簡單
　　地說抽象表現主義不是繪畫的樣式，而是一種創作的態度，對
　　比前一段時期的鄉土和社會主義的寫實風格，抽象表現成為個
　　人主義在戰後的救贖，藝術家例如：以書寫式潑灑滴流技法繪
　　圖的波拉克，好似風景畫般精神性表述的馬克羅斯科，善長使
　　用色彩做為繪畫的基調。

補充

補充 1．佛洛伊德在 1899年出版《夢的解析》後，曾經研究達文西

塗鴉將近10個月，21個月
大的男孩畫出鋸齒線和類
圓形。

的繪畫，他認為除了夢境，藝術作品也會傳達潛意識訊息，
人可以從中了解藝術家的心靈。在這股心理分析的風潮中瑞
士精神病學家 Walter Morgenthaler與英國精神科醫師 Hans
Prinzhorn因為研究精神病患的繪畫受到矚目。他們收集精神分
裂、抑鬱患者的繪畫，在 1922年出版 *Bildnerei der Geistesk-
ranken*，書中談到：繪圖包含人基本需求中的表達衝動、遊戲
衝動、裝飾性衝動、次序傾向、模仿傾向、符號需求所積極驅
動的，當我們畫滿整張紙，或一個孩子在泥土做的餅上面裝飾
小石頭，成人在花園種花，經由這些完全不同的活動，豐富了
外在世界，增加感性元素，都出自相同的心理。就好像活動本
身是必須要的， 個最終的、不可或缺的心理事實，人類的一
種衝動並不是被動的吸收到他的環境中，而是超越目的性要在
其中留下深刻的印象。

嬰兒塗鴉，培養聰明大腦的方法

第7章約2歲的塗鴉

幼兒因為有能力行走，
減少對成人的依附，
而產生自我與他人的分辨，
催化他的獨立意識，
對色彩的感知這時慢慢增強，
偕同影響幼兒塗鴉的改變！

所以有個世界，我能決定它的命運？有段時間被我用
符號的鍊子綁住？有個存在因我的支配而存在？

維斯拉瓦•辛波絲卡 *(Wislawa Szymborska)* 詩人

　　孩子成長到了2歲晉升為幼兒，正長成人類一生中最
天真活潑的模樣。他的體能變好、活動量增加，有源源不
絕的精力，喜歡運動和遊戲，可以順利做出雙腳或單腳跳
躍的動作，先前一直學不會拿筷子的手指，也表現得越來
越出色，現在還可以操作剪刀剪紙。視覺能力除了基礎的
紅黃藍色彩，陸續也會分辨橘綠紫的次屬色彩，色彩感知
更明確之後，也會加添更多色彩塗鴉。

　　先學會爬行，再學會行走，幼兒行動上需要依附成人
的需求逐漸減少，由於有能力移動，拉開與媽媽(照顧者)
的距離，而增強的個人意識越來越明確。皮亞傑兒童認知
發展理論中的第二階段將2歲至7歲的學齡前兒童劃分為
運思前期（Peroperational Stage），這個時期幼兒展露天
性中自由、隨興、天馬行空的創造力，他們有初步的思維
能力，專注於自己的喜好，以自我為中心使用語言、創造

符號。補充1在運思前期中的2歲至4歲孩子又稱為象徵符
號期(Symbolic Function)，這時期的幼兒會用自己的想法
再現一個物件，而不是以他實際所看到的樣子去再現它。
例如：他們組織圓形和線條畫出頭足人，用創造的符號來
代表概念化之後的人，而不是畫出有頭、軀幹、雙手雙腿
的人。類似概念化的符號約從2歲逐漸增加，到了4、 5歲
符號的創造更豐富。

轉 變

　　獨立行走之後，幼兒自由、自主的行為大量增加，身
體成長同時也影響了塗鴉的表現，粗雜的線條慢慢被豐富
的符號所取代，塗鴉呈現較為簡潔的樣貌，色彩也逐漸加
入塗鴉，少數進度超前的幼兒能畫出一個單獨的圓形，但
是由於手眼協調能力的不足，圓形起頭與結尾的筆觸尚無
法接合好。

即將2歲的幼兒塗鴉，已浮現出符號的雛形。

　　蘇黎世的繪畫治療專家貝蒂娜•艾格爾(Bettina Egger)觀察分享：「對於2至4歲的孩子來說，回憶過去在他們塗鴉的表達占有重要的位置⋯⋯一個約2歲幼兒的塗鴉像是一團亂麻，可能表達他在胎兒期的身體感受，在那時沒有方向感，也沒有界線的概念，在母體子宮中開始有感覺的時候，他應該是與周遭環境混為一團的」。註1已經開始塗鴉的2歲幼兒對胎兒期的記憶並不陌生，依照阿諾德•格塞爾(Arnold L. Gesell)的進程，2歲幼兒有能力模仿成人畫線條；李夏德•金茲爾(Richard Kienzle)的統計分析1歲9個月大的幼兒能畫出獨立的塗鴉符號。從專家區分的塗鴉階段可知2歲幼兒逐漸脫離運動感知塗鴉，服膺於本能的、快感的運動感知塗鴉正在減少出現，另一方面視覺的、感官的象徵符號慢慢地增加出現在幼兒塗鴉中。

　　從胎兒期在子宮中的記憶，延伸到出生後環境的複合感官刺激，這一切的感受都在運動感知塗鴉中獲得適當的描繪，長大的幼兒接下來要描繪新的感受，展示他身心的成長。一條線被畫出來，說明幼兒的感知和過去畫團線的差異，他有了進步的控制力，一個形狀被畫出來，說明他的手不再被單純的運動快感所俘虜，獨立符號說明了他的成長，這正是2歲幼兒在塗鴉中的轉變。

幼兒關注身邊的環境和事物，此時他雖然還沒有能力如實描繪，但是他的感覺更敏銳，塗鴉時有意識的控制施力，眼睛亦步亦趨地跟隨著線條的移動，同時也開始節制旋轉力道，從早先一團亂線蛻變成許多線段、小點、鋸齒線等獨立的符號，當他畫的線條與線條交叉、穿越、連結時，就變成一種構成與組織的練習，這條線與那條線交叉在一起是好朋友，它們同時穿越另一條線，這是幼兒的紙上遊戲，他的生活經驗與心智引導他去操控手中的筆，塗鴉是橋接現實世界的紙上預演。

右圖是1歲11個月大小女孩的塗鴉，線條已經看不到運動感知時的混亂粗雜，小女孩收斂了手勢和動作，適當的控制手腕畫出小型符號，好似音樂旋律的線條，輕巧的落在紙面上。

大約2歲的幼兒偶而也會畫長線條，線條的樣式不複雜，但是特點是長度很長，幾乎占滿一整張紙。幼兒畫長線條時，手穩穩地控制筆，目光謹慎地跟隨著筆而移動，在短時間內就畫好。孩子長大了，他的意識，他的感知，足夠專注地一氣呵成畫完長線條。長線條是幼兒獨立行走的經驗，象徵他移動的路徑，事實上，不論是獨立的小符號或長線條，都在說明幼兒的經歷。

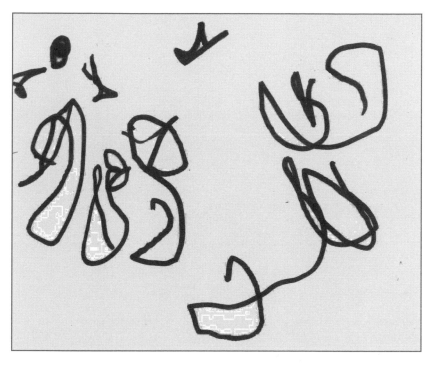

1 歲11個月大的小女孩塗鴉，已經看不到粗雜的線條。

鋸齒線與簡化的渦形線

　　鋸齒線。由運動感知塗鴉啟動的快感模式，進入到了幼兒期，孩子身心成長、手眼協調與控制力變得更好，運動感知塗鴉保留了少許快感進化成為鋸齒線，鋸齒線是運動感知塗鴉的進階版，展示了幼兒的控制意識。

　　鋸齒線需要手腕上下小幅移動，由此可知幼兒操控的意識遠大於運動快感的滿足，他不再揮灑力量，懂得控制移動的力道以及運筆的方向，才能畫出一列工整的鋸齒線。另外，也有一種說法是把鋸齒線當成字的象徵，是幼兒模仿成人握筆寫字的符號。確實有些成人會快速畫一列鋸齒線來代表草圖上文字的位置，這是符號的象徵性用途。人類基因把使用符號的經驗傳給下一代，讓子嗣從中獲得生活的知識，不需要從頭發明，鋸齒線是幼兒模仿能力與手眼協調力的聯手出擊，在模仿中探索符號的意義。

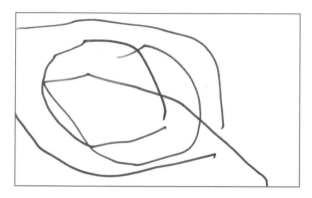

渦形線簡化的過程受
到幼兒身心的影響。

　　簡化的渦形線。塗鴉早期的渦形線是嬰兒回憶起胎兒
期在媽媽子宮中的經歷，回憶支持著他的手重複旋轉畫出
渦形線，傳達包裹的安全感。當嬰兒逐漸長大成為幼兒，
運動感知塗鴉也接近尾聲，早先的渦形線跟著進化，先是
慢慢減少渦形線的圈數，而後再精減成為兩個或三個的重
疊形狀。渦形線簡化的過程是幼兒身體和心理的共伴效
應，他的手眼協調越來越進步，心理上不斷地確認自己的
存在，展示自我的獨立意識。

　　待渦形線再次進化成為圓形時，自我獨立意識將會更
明確，一方面用圓形來肯定「我」的存在，另一方面用圓
形來界定空間，在圓形外是外界、他人的概念，裡面是幼
兒自己，配合上這個時間點，大部分的幼兒已經可以穩健
走步、跑步、跳躍著離開他的媽媽，認知自己與媽媽的不
同。大約在2歲到3歲之間渦形線慢慢進化成一個獨立的

圓形，這時幼兒有些自主的行為，他會自己選擇喜歡的遊戲，和喜歡的色彩，走動拿取喜歡的東西。

敏感性也持續到了幼兒期，2歲幼兒懂得簡單的字句，會用語言表達「不要」，孩子的獨立意識衝撞成人教養原則的發生率偏高，這個時間點幼兒哭泣、吵鬧的情緒事件層出不窮，有「可怕的2歲」之稱。行為神經科學家麥克•波坦傑(Michael　Potegal)表示，當一個人渴望被注意，想要物品、想參加某項活動，或是相反的不想要件物品、不想做某項活動，通常以哭泣表達。註2理論上2歲的幼兒已結束運動感知階段，但是偶爾還是會畫出一團亂的線條，這時孩子的心情可能是留戀著胎兒期的記憶，或是獨立面對環境而感到興奮、生氣、不適應等情節，導致情緒不穩定，刺激了運動皮區的神經元而有較明顯的反應，畫出混亂、粗雜的運動感知塗鴉。由於幼兒的敏感性對環境中感官刺激的耐受程度遠小於成人，他們的感受與成人的立足點不同，大部分的成人無法和幼兒有相同份量的察覺，往往會認為孩子無理取鬧，因而制止或懲罰他的行為，導致幼兒退回運動感知塗鴉。這是因為幼兒有壓力需要宣洩情緒，紓解他因敏感性所接收的過量刺激。運動感知塗鴉出現的頻率，常常與幼兒情緒不穩定高度相關。

鋸齒線是運動感知塗鴉的進化版，展示了幼兒的控制意識。

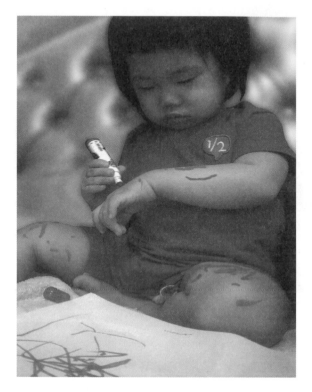

幼兒趁成人不注意時畫椅子、畫桌子、畫自己。

個人化的進程

　　嬰兒在12至15個月大開始塗鴉，持續到了2歲展示更好的操作技能，他逐漸加入色彩塗鴉，用不同的色彩畫出鋸齒線、簡化的渦形線、小型符號。有明顯控制手的力道和移動，畫面較早先整齊許多，如果孩子是2歲才開始塗鴉，內容就不同。這時幼兒的手比1歲時控制好，手腕旋轉順利，渦形線會是他們最常畫的，他不斷地回想過去，畫出他的經歷。即使成人看不懂，幼兒也想要表達，直到他的手在渦形線中學會了控制，才會畫其他的符號，發展出各種角度與方向的斜線、弧線、鋸齒線。所以年齡相同的幼兒不一定有相同的塗鴉進程，因為從1歲開始塗鴉的嬰兒到了2歲，和2歲才開始塗鴉的幼兒，是無法相提並論。並非每個孩子在嬰兒期都有機會塗鴉，有些成人對嬰兒握筆有安全上的顧慮，有些不知道如何引導嬰兒，甚至認為嬰兒沒有必要塗鴉，許多情況造成嬰兒沒有塗鴉，他的進程就無法比照從十幾個月大就開始塗鴉的孩子。

　　在作者的經驗中，有不少幼兒抓握筆，趁成人不注意時畫椅子、畫桌子、畫自己弄髒環境，而被沒收筆。有時候孩子想表達獨立，故意不配合家長要求，例如：要塗鴉不吃飯，要邊洗澡邊塗鴉等，導致家長不讓孩子拿筆，將不讓孩子塗鴉作為一種避免麻煩和懲罰，是孩子在「番」

2歲小女孩畫出獨立
的類圓形。

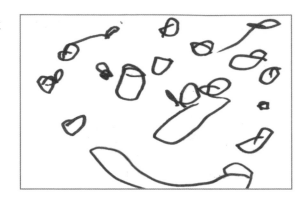

時家長最省事的做法。但是在希望孩子獲得塗鴉的回饋，
和由塗鴉所引起的麻煩之間，家長需要冷靜而理性的處
理，避免讓孩子留下塗鴉不好的連結。

　　作者從兩個幼兒的例子，對照有塗鴉和沒有塗鴉孩
子的差別。2歲大的小女孩，從8個月大模仿姊姊開始塗
鴉，每週畫兩次，已經脫離運動感知塗鴉，畫出獨立的類
圓形，紙面上的構圖簡單、配色優雅，分布的符號在均衡
中帶著節奏感。另一個小男孩大約2歲6個月大，生活環
境不允許拿筆，從來沒有塗鴉經驗，作者遞給他彩色筆，
連一句話都還來不及說，孩子很興奮地拿起筆就畫，手臂
快速移動畫出的線條張力十足，中間紅色的筆觸幾乎戳破
紙張，小男孩在塗鴉過程中非常投入，眼神有著超乎年齡
的堅持。有塗鴉經驗的小女孩，已懂得旋轉手腕，嘗試控
制類圓形的頭尾筆觸銜接。沒有經驗的小男孩，體內有運

第一次塗鴉的2歲6個月大小男孩畫出運動感知塗鴉。

動的需求，驅動他的手肘(前臂)畫出運動感知塗鴉，由於孩子實在畫得太高興，當天畫的每一張塗鴉的施力和張力都很強大。從兩張塗鴉的內容，很容易發現由於開始塗鴉的時間點不同所造成的差異。

　　嬰兒開始塗鴉後，每次塗鴉成人需要協助孩子，在完成後的塗鴉上標示時間，按時間排序。如果有先前的塗鴉，在孩子進程不明顯時，可以比對孩子前後期的塗鴉，即使不是專業的老師也能看出幼兒手眼協調能力、辨色能力、注意力的進展。未來塗鴉內容的改變與孩子的成長正相關，是朝著越來越簡潔的線條、豐富的色彩、分化的造形前進。在幼兒期外界的影響少，孩子專注在紙面上塗鴉，不擔心自己畫不好、不會畫，盡情享受塗鴉的樂趣。就如同德國藝術治療師蘿絲•弗萊克•班格爾特(Rose Fleck Bangert)所說：「幼兒很幸運地擁有一種天賦，他們可以

特別專注於自己的世界，專注於自己所做的事，所有自己不喜歡的、干擾性的外界誘惑都可以被遮蔽。這是一個無意識的過程，與挑釁的行為無關，可以理解為一種自我保護機制。但是，如果成人不斷地打斷幼兒的活動、勞作、遊戲的話，他們深度專注於某件事情的能力很快就會喪失。」註3　相信成人並不是故意的，而是沒有自覺的中斷孩子的活動，成人主觀上為孩子好，要求孩子先吃飯、先洗澡、先做我們期待孩子做的更重要的事，在這當中是需要一些溝通與權衡。目前幼兒所畫的塗鴉，等待他長大後便不會再畫相同的內容，如果這種創造力是寶貴的，就需要受到保護，減少干擾，成人要謹守一個觀察者和補給者的角色，讓孩子自由的表現，尊重他們就像是藝術家一樣的創作者。

　　由於面對的嬰幼兒不太會說話，溝通的難度高，許多人並不知道用什麼樣的心態培養孩子塗鴉，這時不妨參考德國教育家沃爾夫岡•格羅辛格(Wolfgang　Grözinger)的建議「給父母的十戒」註4，為不知所措的家長，建議培養原則。

　　有些孩子沒有上幼兒園，家長忙碌也沒有時間教導孩子寫字，運動感知塗鴉出現的時間便會往後順延，有部分

孩子真正握筆時間已經超過3歲的關鍵期，他們正式握筆時間會落在學齡前5至6歲的習字練習，這時孩子的手比嬰兒期更有力氣，他的精細技能、手眼協調能力都比嬰兒期好，此時運動感知塗鴉雖然不是他們塗鴉的主要樣式，由於孩子體內有運動的需求，還是會畫出來，但是比起嬰兒期塗鴉的孩子會縮短運動感知塗鴉的時間，有時因為孩子長大後，手眼協調能力更好，很快就進入圓形塗鴉、命名塗鴉，也有可能孩子會把運動感知塗鴉線混著圓形和符號一起畫，還為自己的塗鴉命名。這些在嬰幼期未曾練習塗鴉的孩子沒有太多拿筆的經驗，起初塗鴉略顯得生疏、猶豫不決，不想畫、不會畫也是常有的情況。

沒有任何一種塗鴉進程可以涵蓋、符合所有孩子的表現，他們的進程是由個人獨特的身心與環境所建構的。所以無法明確說2歲的幼兒一定會畫鋸齒線，或3歲一定會畫圓形等，這當中由於添加了人與環境的變因，某些孩子塗鴉進程超前，某些孩子需要更多時間，任何專家提出的塗鴉進程都只是參考，絕不能要求孩子比照辦理。我們唯一能肯定的原則是：不論塗鴉是作為一種運動，或是一種遊戲，都是有益孩子的身心發展。其餘的就信任孩子，由他來完成自己獨一無二的進程。

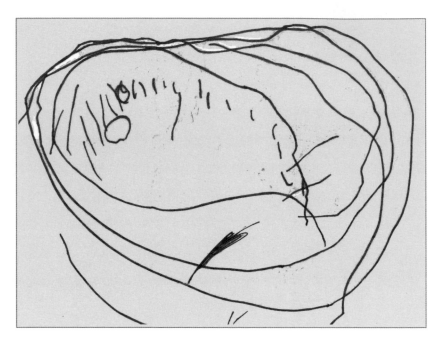

23個月大時，咚咚距離開始塗鴉已有半年。她的情緒穩定，一圈又一圈的渦形線仿彿在確認自己是獨立的個體。

小小新手的塗鴉筆記三

陪伴咚咚塗鴉期間，我時時提醒自己不直接干涉她，謹守原則。在她每畫一個段落，抬起頭看我時，我會拍手或對她說：「這條線很漂亮，好像在跳舞。」明確的告訴她，喜歡塗鴉的哪一個部分，讚美或鼓勵她。咚咚很喜歡塗鴉，會主動說要畫畫，她的進程比平均值快，和開始塗鴉不同的是咚咚意識到自己在創造一些很特別的東西，這件事只有她才會做，花在塗鴉的時間比過去更長。當咚咚畫線時，目光跟著手移動的方向，專注於自己的塗鴉，她懂得控制力道讓線條從頭到尾施力均勻，她的手眼的協調能力更好，身心發展看起來好極了。

咚咚23個月大時，距離她開始塗鴉已有半年時間，畫面沒有粗雜、混亂感，她的手穩定控制線條，配合呼吸的節奏畫出許多長線，變換不同角度、方向的線條，咚咚藉著線條探索二度紙面的空間。如左圖所顯示，她的情緒穩定，一圈又一圈的渦形線仿彿在確認自己是獨立的個體，以明確意識加添渦形線的圈數，界定內與外的感知。

咚咚24個月大時，有天她的情緒浮躁，線條畫得很急，畫面很不穩定。在畫三張塗鴉之後，我稱讚她有幾個部分的線條畫得很有力量。咚咚看起來安心許多，於是她

拿了第四張紙，很快地畫了一個類圓形，接著加上許多的點和短線。當天的塗鴉時間約20分鐘，咚咚的情緒從開始不穩到愉悅，有著戲劇性的轉變。整張紙好似咚咚的生活環境，那個獨立的類圓形，展現她的個體意識，隱喻「我」的符號，環繞類圓形的許多點，是她感受外界雜多訊息，在這個時間點，咚咚的第一個反抗期即將要到來。

咚咚25個月大時，圓形開始出現在塗鴉中，這是塗鴉很重要的進程。她把幾個圓形組織在一起，畫面看起來很簡單，雖然還無法辨識造形特徵。但是咚咚會替圓形取名字說：這是花花，這是點點(貓的名字)、這是屁屁(狗的名字)、口袋等。咚咚會替同一個圓形取不同的名字，說出名字後還很興奮的在紙上敲一敲。早先語言還未能發展成為一組字詞之前，塗鴉主要是眼睛和手的任務，現在語言可以輔助塗鴉的表達，來說明咚咚創造的小世界。

咚咚還不太會說句子，大部分用簡單的字詞溝通或用手勢表達，偶而還會畫出渦形線和兩端來回移動的線團，運動感知塗鴉在咚咚塗鴉一年後並沒有消失，反而在咚咚沒睡飽、生病、情緒起伏時會出現。但是她在同一次畫的五張塗鴉中，有時會呈現粗雜和工整的兩種質感/情緒的線條，我可以從線條中清楚感受咚咚情緒的轉變。這個階

24個月大時，有天咚咚的情緒浮躁，先畫的線條很急，畫面稍嫌凌亂。

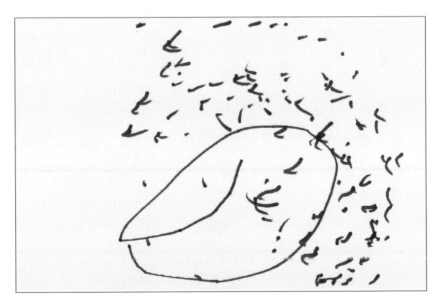

咚咚後來畫了一個類圓形，加添許多點，傳達她感受外界雜多訊號。

25個月大咚咚替她畫的
圓形取狗狗的名字。

段咚咚塗鴉的次數大約是一星期三次，每週的塗鴉內容，
會以特定樣式為主，塗鴉樣式的改變通常在1至2個月中慢
慢的調整，偶爾還會短暫的回到運動感知塗鴉。

檢視塗鴉三

　　持續塗鴉的幼兒，塗鴉內容與情緒、注意力關係密
切，以下兩個問題提供參考：

1. 塗鴉有比較整齊？幼兒情緒與塗鴉的關聯如何？
2. 每次塗鴉的時間是增長還是縮短？

推薦閱讀

1. 《兒童畫的發展過程》，羅達•凱洛格(Rhoda Kellogg)
   著 /夏勳 譯，世界文物出版
   凱洛格對兒童塗鴉做了非常詳盡完整的收集，透過這
   本書可以對兒童的圖式類型有清楚的認識。

2. 《從孩子的塗鴉看出他的內心世界》，蕊娜特•吉兒(Re
-nate Gier) 著／劉孟婷 譯，奧林文化

吉兒同時是藝術家、教師和治療師，她以豐富的經驗
引導成人對兒童畫作更深入的欣賞。

註解

註1，p11 ／ 註3，p118，《孩子的話告訴我們什麼──兒童畫與兒童心
理解讀》，蘿絲•弗萊克•班格爾特(Rose Fleck Bangert) 著／程
巍、許玉梅 譯，北京師範大學出版

註2，明尼蘇達大學教授Michael Potegal是位行為神經科學家，主要
研究人的憤怒和侵略行為，以及兒童發脾氣與情緒組織。

註4，p119，《兒童塗鴉．線畫．彩畫──兒童造形的早期形式》，沃爾夫
岡•格羅辛格(Wolfgang Grözinger) 著／干干、梁波 譯，世界文物
給父母的十戒：1.不要把你的孩子看成是林布蘭特或畢卡索；把
他看成是一個孩子。2.如果你的孩子在桌上或牆上塗鴉，不要

責罵，而是找找自己的錯誤。他之所以這樣做，是你沒有給他紙。3.當孩子給你看他的塗鴉和塗抹時，如果你看不出名堂，不要馬上問：這是什麼？4.不要給孩子做示範，不要告訴孩子「逼真」是什麼。5.留意能在技術和材料上改變花樣。6.當你的孩子似乎退步時，不要絕望；每一個進步都從危機開始。7.即使孩子的進步與你所喜歡的不一致，也應該為此進步感到高興。8.不要成為疑心病者，兒童比成人還能忍耐那不可迴避的低級藝術品。9. 學習等待。10. 讓你自己為一切做好準備。

註5，p124，《透過藝術的教育》，赫伯特•里德(Herbert Read) 著 / 呂廷和 譯，世界文物

註6，《兒童美術與成長》，維克多•羅恩菲爾德(V. Lowenfeld) 著 / 李叡明 譯，世界文物。《創造與心智的成長》，維克多•羅恩菲爾德(V. Lowenfeld) 著/ 王德育 譯，三友出版社。這兩本書是藝術教育學派代表著創造性取向(Creative Orie- ntation)的重要著作。

大約2歲的幼兒塗鴉已經比先前整齊。

補充

補充1．p206~207．p140．*Child Development*．John W. Santrock． A Division of Wm. C. Brown Communications Ins.

運作思考是內在不可見的行為，是兒童肢體動作發生前心理思考的前置作業，運作思考高度組織與遵從某些通識原則，和基本的邏輯，可分為兩種，一種是具體的運作思考，另一種是形而上的運作思考。兒童的思維在運思前期組織不周全，尚未完備，未來他們會依此去建構思考的層次，當成行為的依據。

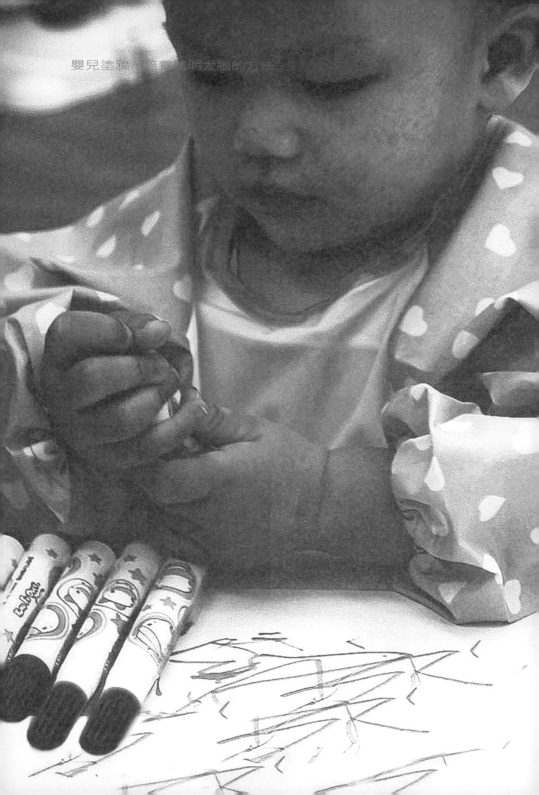

嬰兒塗鴉，培養聰明大腦的方法

第 *8* 章 約2歲半的塗鴉

塗鴉對於幼兒的意義重大，

不論是手的成長，

或是心智的適應，

都反應在其中，

成為孩子身心觀測的資料。

不必要的幫助是自然發展的實際障礙。

瑪麗亞‧蒙特梭利 (Maria Montessori) 幼教專家

　　一個2歲半的幼兒大約知道200個字詞，會說：「媽媽吃、要畫畫」之類的短句，喜歡唱相同的兒歌，聽相同的故事，自己會發明好玩有趣的事情，這個年齡的孩子彷彿有用不完的精力和好奇心。在幼兒自由行走之後，助長他的獨立意識，不服從成人管教的事件屢屢發生，2歲半正處於兒童發展上的第一個反抗期，由孩子身體的成長引領了心理的覺醒和行為。

　　進入2至4歲的象徵符號期(Symbolic　function)幼兒在塗鴉、遊戲中大量的使用符號，這段時間他擁有的敏感性也強化對於色彩、形狀、空間、時間秩序的感知，對許多成人忽略、無感的細節特別重視。當事物不符合幼兒認知的秩序、狀態時，他會吵鬧和哭泣。例如：當家長為他換新的枕頭、新的餐具時，孩子會一直糾結在上面的圖案不同、排列的秩序，或時間不對，拒絕接受新的物件，不配合要求。超乎常人的敏感性與堅持，讓幼兒變得不可理喻，吵鬧哭泣，

強烈地影響周圍人的情緒，這時的幼兒仗著天真可愛的模樣，情緒化地主演難以管教的小壞蛋。

手的成長

目前幼兒任何一種行為的背後，都有來自身體和心理的支持。自從幼兒開始塗鴉，便與手的發展關係密切，小的精細技能需要用到手指關節、手掌與手腕銜接的七塊小骨頭配合，大一點的動作需要加上前臂、臂膀與肩關節的協助。在塗鴉練習中，幼兒由粗雜的線畫，進步至小符號的描繪，完全依賴手的精細技能和手眼協調的能力。

初階的塗鴉由手肘(前臂)控制上下、左右、兩端移動，這時嬰兒的手腕還不太會旋轉，只會畫直線式的線團。隨著塗鴉練習經驗增加，嬰兒從不經意的拖筆畫出一條弧線開始，發現了由手腕小骨註1協力的旋轉動作，逐漸有意識的旋轉手腕畫出弧線，爾後再加大、加速動作畫出渦形線團。

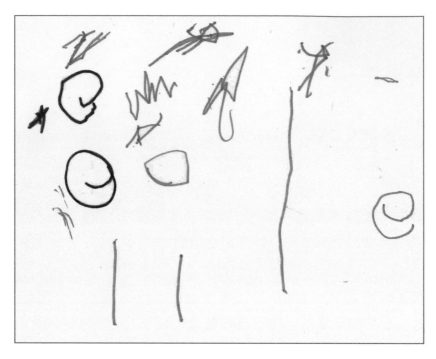

2歲半的幼兒節制他的力道，畫出豐富的塗鴉符號。

　　每當幼兒塗鴉進步後，便面臨新的挑戰。接下來他的手需要從機械化的渦形旋轉中，去嘗試節制力量，減少旋轉的圈數，渦形線是準備畫圓形的運動感知塗鴉，是兩端移動線的進階版。大約到了2歲至2歲半，有塗鴉經驗的幼兒不再滿足於快感塗鴉，而有控制意識地畫出類圓形。畫出類圓形代表幼兒的手指、手腕、前臂和手眼協調的進步，以及心智上的成就，正式宣告他脫離運動感知塗鴉。緊接著幼兒展現手的精細技能，所畫出新版的鋸齒線也更為工整，並且發展出各種樣式，有水平、垂直、傾斜、長短的鋸齒線和一些小形符號，這時2歲半幼兒的塗鴉符號已經相當豐富。

　　人類嬰兒是需要長時間照顧的哺乳動物，在嬰兒成長發展中，身體的進步與活動相輔相成。自12至15個月大開始塗鴉的嬰兒是持續地鍛鍊手，同時也刺激大腦神經元和突觸連結。在塗鴉一年半後，幼兒的手眼協調能力、控制力和手腕的強度大大的進步。簡單的說，由於塗鴉的刺激和體驗，幫助了他的成長，讓大部分幼兒已能畫出圓形和許多符號，手眼協調發展更好的孩子，開始組織符號創造許多獨特的造型，這真是幼兒的驚人成就！如果嬰兒期沒有練習塗鴉，沒有上述塗鴉的體驗，家長培養孩子就需要尋找其他活動，增加大腦神經元的數量和突觸連結，提升孩子智力的發展。

　　2歲半的幼兒會用不同色彩畫圓形、鋸齒線、長短線、

2歲半的幼兒用不同色彩塗鴉，符號好似碎片一樣的撒落在紙上。

弧線。把相同色彩的符號安排成一個群組，大大小小的符號好似碎片一樣的撒落在紙上，空間不復以往的混亂，而產生了秩序感。有些幼兒進程更快，創造出許多獨特的符號，像是玩符號遊戲一樣的呈現較為輕鬆、隨興的安排，塗鴉內容從線條轉變成符號是2歲半幼兒最明顯的變化。

運動感知塗鴉不是2歲半幼兒主要的塗鴉樣式，但是不論是幼兒或更大的兒童偶爾還是會畫運動感知塗鴉，我們可以說，運動感知塗鴉提示了一條線索去觀察孩子心情的穩定程度。在嬰兒長大成為幼兒，習慣了感官世界之後，很少單獨畫運動感知塗鴉，他會畫些圓形、鋸齒線、點和一些小形符號，有時再加上一個小的運動感知塗鴉，以一種同化的概念把圓形、鋸齒線、直線、運動感知塗鴉等元素安排在紙上。他的畫面中有各種各樣的符號，這種塗鴉展示了幼兒的適應力，他比從前適應環境中的一切狀態，接受世界的複雜樣貌，他的心智容納混亂，也接受明晰，這些心理素質全都在2歲半的幼兒塗鴉中呈現出來。

象徵符號

鋸齒線展示了幼兒的控制能力和符號的意義，接著孩子的塗鴉內容曾更複雜，牽涉人類運用符號的象徵機制，這些符號在不知不覺中影響了我們的生活。象徵性是符號輔助真實世界運作的方法之一，例如：語言、姿勢和數字全都仰賴

符號的詮釋系統。語言是高階的思維符號，字被以象徵性來傳達對事物的概念，雖然年幼的孩子語言能力尚未完備，但是18個月大的嬰兒已被證實有能力理解符號所代表的真實事物、事件與行為。

　　幼兒畫些小形符號，把看起來差不多的符號，一個說是汽車，另一個說是小狗。他開始透過符號的象徵意義，來表達他的想法。所以，當一個孩子指稱所畫的符號為貓咪、蘋果、媽媽等，意味著他們正在嘗試透過符號說明、描述他自己的生活。幼兒畫一個圓形，並指稱他在畫車子。圓形是幼兒目前會畫的形狀，經常被用來象徵某個物件，同一個圓形現在可能是車子，等幼兒吃完糖果後，也許就變成糖果。幼兒指稱圓形為某個物件，通常與發生的有意義活動相關，所以他會透過塗鴉傳達。事實上，對一個無法用長句子說明原委的孩子，心裡想到的、關心的，透過畫符號來表示是理所當然的。

　　塗鴉符號除了外形上的象徵，還可能連結幼兒的心理，展示符號所投射的意義。一旦幼兒有能力畫出獨立的圓、水平和垂直線時，他就具備組織符號來表達的能力，有些幼兒會藉著符號說故事，這比語言還要早成為幼兒的表達工具，所以幾乎所有的專家都提倡學齡前兒童塗鴉。

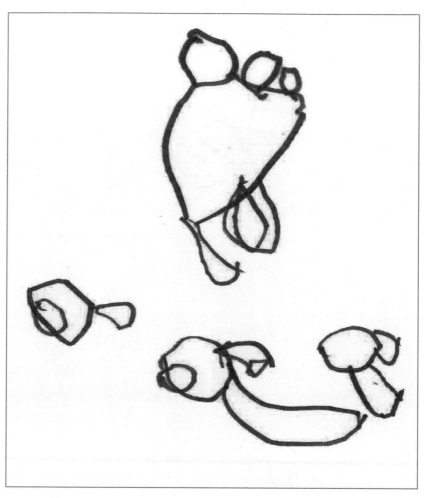

幼兒學會畫類圓形，並且嘗試用圓形組織成某些物件。

進程更快的幼兒，創
造出獨特的符號。

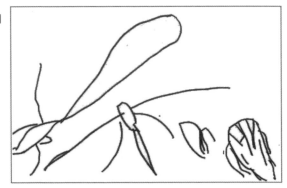

　　當圓形從渦形線中獨立出來成為一個符號時，投射幼兒
認知完整的「我」儼然形成，他畫的圓形除了象徵自己之
外，也被擴大用來傳達知覺概念化的造形，例如蘋果是圓
的，是我們實際觸摸、多次檢查之後才確定的。我們將這個
檢驗過的經驗概念化，把蘋果畫成圓形。幼兒使用這種概念
化來表現生活中的物件。物件的大小尺寸是一種概念，物件
的色彩、形狀、味道、質感也都是種概念，每一種概念都提
供了解物件的部分樣貌，所以學者趙雲認為：「兒童畫中包
含的概念屬性越多，表達的事物就越具體。孩子在畫車時，
畫出車子的四個輪子、紅色車身、車窗、人坐在裡面，每一
個細節就是一種概念，細節越多表示孩子對車的認識越仔
細。」註2

　　幼兒經常會用圓來概念化事物。幼兒畫圓，有時代表貓
咪，有時代表車子或蘋果。心理學家魯道夫•安海姆(Rudolf
Arnheim)認為：在兒童們成長到圓形時期，所有造形對他

而言都是沒有分別的。圓並不是代表圓形這個形狀，而是代表那更為一般化的「東西」特質，也就是說代表具體對象之純一性，在圓形被畫出來時，它和沒有東西存在是有不同的。註3當一隻狗狗被幼兒畫成圓形時，它代表的意義是幼兒表達有狗存在的事實，雖然幼兒畫的圓形不像是一條狗，而是用象徵性傳達有狗的存在。圓形是幼兒尚未有精確描繪能力時，用來表示「有」某物件的概念，所以當2歲半的幼兒畫什麼都用圓來表示，請不用擔心孩子的智商與判斷力，因為這是合乎幼兒目前描繪能力的表現方式，他會有一段時間，畫一個圓形或類圓形來代表所有的東西。

圓形的特殊性

幼兒為什麼用圓形表示，而不用矩形或三角形來表示某個「物件」？這很可能是幼兒在塗鴉過程中手眼的協調能力未完善，畫圓形是由手腕持續旋轉的弧形連成，要畫出一個三角形，手腕與手指必須精確的控制力道，連續旋轉兩個明

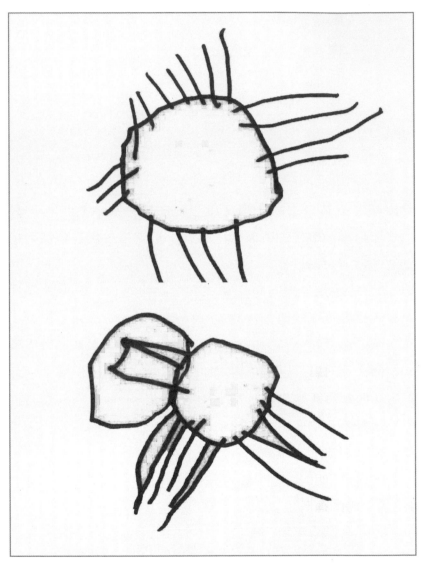

咚咚2歲3個月大時，把圓形加上線條，畫出很美麗的造形，是隱藏曼陀羅形式的塗鴉。

確的角度，假使幼兒分開畫，也需要三筆畫才能組成一個三角形。幼兒畫三角形，比畫圓形要困難許多，畫矩形和三角形是相似的手法。所以，當幼兒想要表達時，畫個圓形來表示某個「物件」，最適合他目前的能力。

本書在第5章中談到美國教育家阿諾德•格塞爾(Arnold L. Gesell)根據兒童生長發展的統計，指出幼兒要到4歲半才會畫矩形，5歲才有能力畫三角形，所以矩形和三角形是在幼兒手眼協調更好，手腕和手指控制更熟練之後，才會被畫出來。目前幼兒的能力未發展完全之前，他用最容易掌握的圓形來表現身邊的所有東西，人被畫成圓形，動物和玩具也全部都用圓形來表示，圓形是現階段代表所有物件的形狀。

另外，根據兒童發展專家夏樂蒂•萊斯(Charlotte Rice)的手眼視覺訓練實驗中，發現幼兒從四張畫有鑽石形、方形、圓形、三角形的紙牌中，最先辨認出圓形，圓形的特殊性與親切感讓幼兒的知覺自然受到吸引。我們知道嬰幼兒塗鴉是由混亂不明的抽象線條進化到象徵造形的過程，慢慢地從嬰兒身體的運動快感滿足中，進展到手的描繪，類圓形是幼兒視覺與體覺接觸最頻繁的自然造形，也是最容易被辨認的造形，所以一切都從與生命、生活關係最密切，也最熟悉的圓形開始，未來孩子將從圓形變化、發展出更多有趣的造形，圓形可以說是幼兒往寫實方向塗鴉的基本成員。

在2歲半時，圓形是咚咚主要的塗鴉樣式。

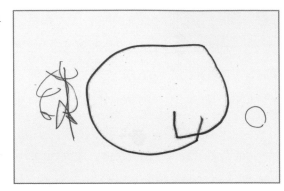

小小新手的塗鴉筆記四

　　咚咚在2歲時塗鴉出現圓形，現在圓形是她主要塗鴉的內容。從咚咚畫圓形的起頭和結尾接合的情形，可以觀察她手眼協調能力發展得很不錯，目前她用圓形和線條組織成各種造形，還會替造形命名和編故事。

　　2歲3個月大，咚咚畫出兩個造形，是由單一個圓再加上線條組成，圖形的結構和比例非常美麗，在塗鴉中流露出孩子純真的生命力，這個圓就像咚咚自己，透過直線延伸向外界觸摸，認識周圍的環境。造形本身展現一種均衡的身心狀態，是隱含曼陀羅形式的塗鴉，根據克萊兒•高隆(Claire Golomb)在1990的研究，兒童畫中非常少見的4%出現標準曼陀羅(由圓形、矩形加上十字線所組成對稱圖形)。在這段時間咚咚的塗鴉經常出現曼陀羅的形式。註4曼陀羅引起許多的討論，心理學家卡爾•榮格(Carl G. Jung)認為，繪製曼陀羅是人內在的修補與平衡，是人為自己創造的心靈解藥。

每當咚咚有情緒時，就畫運動感知塗鴉。

2歲4個月大，咚咚一筆畫了兩圈，在圈內角加了一些粗雜的線條，又在對角的圈外加添整齊排列的短線，把粗雜與整齊兩種線條安排在兩邊平衡畫面，這些內容並沒有人教咚咚，是她潛意識的流露。整齊和粗雜線條投射咚咚生活中的兩種狀態，和維持平衡的意圖，圖面表現穩定、平衡的狀態是和諧與美的，同時也反應咚咚身心的安定。

2歲6至8個月間，咚咚開始上學，但是常常生病，情緒起伏很大，最常說：「不，不要」。動不動就哭鬧，大部份的表現還停留在圓形的組合。這段時間咚咚沒有什麼精神，塗鴉次數減少，有時候會回到早期的渦形線團，塗鴉當天一旦畫出渦形線團，就會一直畫運動感知塗鴉。

檢視塗鴉四

在這個階段我們從兩個面向觀察幼兒的塗鴉，一方面從塗鴉符號大小，觀察孩子的心理狀態。對畫出過小符號的幼

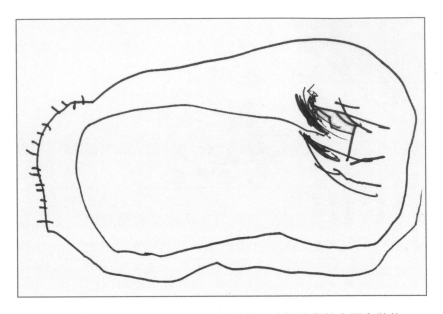

咚咚2歲4個月的塗鴉，左右兩側的線條反映她平衡的意圖和狀態。

兒應給予更多的鼓勵，增強其自信。對畫過大、超出紙面的孩子，成人需要更多、直接的表示愛孩子。另外，從幼兒使用的色彩，觀察其對色彩的感知，以下兩個問題提供參考：

1. 觀察塗鴉符號的大小？並留心異常的尺寸。
2. 詢問孩子色彩的名字？記錄已學會分辨的色彩。

推薦閱讀

1. 《透過藝術的教育》，赫伯特•里德(Herbert Read)著／呂廷和　譯，世界文物

   本書是藝術教育者的必讀書籍，里德爵士博學多聞的知識讓本書涵蓋心理、人類、教育，對於藝術教育者有很好的啟發。

2. 《藝術與視覺心理》，魯道夫•安海姆(Rudolf　Arnheim)著／李長俊 譯，雄獅美術

   安海姆以一位藝術視覺專家的角度，說明兒童繪畫及更為廣義的符號使用。

註解

註1，人的手部腕骨由七塊小骨組成，分別為舟骨、月骨、三角骨、豌豆骨、大多角骨、小多角骨、頭狀骨和鉤骨。參考維基百科。

註2，p25，《兒童繪畫與心智發展》，趙雲 著，藝術家出版

註3，p179，《藝術與視覺心理學》，魯道夫•安海姆(Rudolf Arnheim)

著/李長俊 譯・雄獅美術

《第四章成長》分化的原則：一個知覺特質在還沒有分化之前，將以最單純之可能性被分化出來，而在繪畫的媒體裡，圓形是最單純之可能性造形。在造形未分化之前，圓不僅僅代表圓形而已，而是代表所有任何造形，沒有特定的。就是在成人的想法和表現裡，事物也常常是被圓點，圓圈，或球形等來表示的。

註4・p93~95・《兒童繪畫治療》・Cathy A. Malchiodi 著 / 吳武烈 譯/ 范瓊方 校訂，五南圖書

曼陀羅源自印度密宗的聖壇圓形圖騰，常運用於儀式中，偶而出現於兒童塗鴉和成人的藝術創作，受到藝術、人類學、心理學等領域的關注及討論。更多曼陀羅可參考 *Memories, Dreams, Reflections*，Carl G. Jung和《曼陀羅的創造天地》・蘇珊•芬徹 (Susanne F. Fincher) 著 / 游琬娟 譯・生命潛能出版社

瑞士心理學家卡爾•榮格(Carl G. Jung)對曼陀羅有深入的研究。榮格在大戰時，在軍中擔任軍醫。有一段時間，他每天早上繪製曼陀羅圖形，榮格發現這種圖形能反映人當時的心境，並具有平衡身心的效力，之後關於曼陀羅中的集體潛意識，象徵穩定與和諧的意象，經常被用於藝術治療與藝術作品。

第 *9* 章 約3歲的塗鴉

在穩健地畫出圓形之後，
幼兒嘗試組織造形與物件配對，
他創造符號，
在遊戲和活動中使用符號，
這是幼兒進入運思前期的特徵。

人類通過直覺與演繹兩種活動達到對事物的理解。

雷內•笛卡兒 (René Descartes) 哲學家

　　大腦的成長順序是右腦領先左腦發展，由右腦所主控的精神活動、感官感覺，即將與左腦所代表的理性思維、邏輯分析相互協力，共同升級3歲幼兒的心智。在2歲時還哭鬧不止、情緒反覆的小壞蛋，到了3歲似乎比較能透過語言溝通。除了目前幼兒的自我為中心，無邏輯思維，影響他偶爾做出違反常識的行為，大部分時間他的舉止表現越來越像一個S號的成人。

　　3歲幼兒的辨色能力進步了，在塗鴉中使用更多的色彩，專注的時間拉長。幼兒的筆下源源不絕地創造出更多的塗鴉符號，充滿創造力與個人風格的符號與生活物件、社交、活動息息相關。有些進程較快的幼兒嘗試模仿成人正確握筆，主動改進先前的手掌抓握，如果師長有發現孩子的改變，要記得肯定他的努力和進步。

組織造形

　　線條是孩子最早會畫的，粗雜和混亂的線條隨著幼兒的成長慢慢地變得簡潔，3歲的幼兒畫圓形，正開始他的「圓形塗鴉期」。幼兒會畫圓形代表某物件，把蘋果畫成圓形的、人畫成圓形的、車子畫成圓形的......所有的物件都以「圓形」來代表。有些發展較快的孩子，單純畫一個圓形，已經無法滿足，他會組織符號把圓形加圓形，或圓形加線條，用 1+1 的方法創造一個代表某物件的造形。除了塗鴉出現更多細節上的分化，幼兒還會用學到的字詞為造形命名，更早進入到下一個階段「命名塗鴉期」，上面這些描述是大約3歲的幼兒可能發生的情況。

　　當作者翻閱手中的紀錄，經常看到幼兒畫圓形加線條來表示一個人。畫一個圓，在下面加線條代表腿，畫出頭足人、

火柴棒人、蝌蚪人。這是幼兒創造的造形，他把人的概念化
為頭和軀幹相連，主觀的用圓形涵蓋了頭和軀幹，並在軀幹
後加上線條，代表腿。在本書的第 3 章中談到嬰兒看的方法
是用一種優先察覺外輪廓的完形方式，極為可能是這個原因
讓幼兒畫出人形的大輪廓，把頭和軀幹看成一個整體，腳也
是用一條線表示雙腿和腳的整體；目前 3 歲幼兒尚未有能
力對人形做出更精確的描繪，所以畫出頭足人、火柴棒人、
蝌蚪人。等待幼兒再長大些，分化能力更好，人形的各個部
分才會被畫出來，但是也有些孩子到了 7、8 歲還是維持幼
兒期的畫法，這些孩子的智力正常，本身沒有積極描繪的意
願，這種例子也是有的。

　　當幼兒畫圓形加上水平線（手）和垂直線（腳）成一個
人時，這是圓、線的組合，也是水平線、垂直線的組合，幼
兒的認知影響了塗鴉的表現，他已經脫離了運動感知塗鴉階
段，邁向寫實描繪。如同德國藝術教育學者沃爾夫岡•格羅
辛格 (Wolfgang Grözinger) 所說的：「渦形線是整個的孩子，
是他的內心世界，是敏感的球體。藉用直線代表手和腳，通
過這個象徵的手和腳，孩子的內心世界便覺得和外界有了接
觸。」註 1 到了幼兒有能力為圓形添加線條，幾乎在同一時
間他也開始傳達手觸摸的體驗，許多長刺、長毛的造形被畫

出，表達手碰觸的感知。幼兒以自己為中心，向外探索環境，透過塗鴉記錄生活，再加上簡單的口語表達，未來就在此基礎上，幼兒用語言和塗鴉，創作他的故事腳本。

感官感覺的塗鴉

大腦控制行為，由於右腦先發展而強化的幼兒敏感性，讓他們的塗鴉與感官感覺高度相關。盧梭 (Jean J. Rousseau) 在《愛彌兒》書中鼓勵虛擬角色愛彌兒以自己的眼睛去看，用自己的心去想，只仰賴自己的理性，而不屈從任何威權 註2。盧梭認為孩子應該要自由探索，身體力行，去體驗世界，唯有如此，他的感官才會因豐富的刺激而逐漸覺醒。盧梭的想法，與孩子天生的敏感性不謀而合，如果生物進化有其延續生存的必然使命，由敏感性所影響的感官感覺，正是促進生命更早認識環境，找到對自身有利的維生之道，敏感性是造物者給幼兒的善意，協助孩子快速收集生活經驗，察覺環境中的差異。補充1

關於幼兒的感官感覺，藝術心理學教授魯道夫•安海姆 (Rudolf Arnheim) 更進一步說明：「在人類發展的早期階段裡，它主要的特點之一，是完完全全的依賴著感官經驗的。對於那年幼的心靈來說，所謂的事物其實是指它們的樣子、

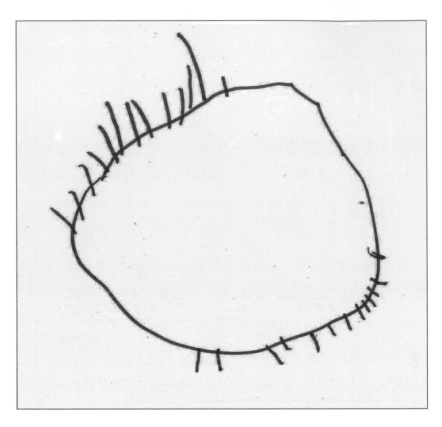

幼兒是畫太陽嗎？還是畫觸覺感知？

聲音、動作或味道。」註 3 安海姆強調眼耳鼻口觸的感官感覺影響著孩子，當他們成長到了 3 歲時，塗鴉能力更好，便開始嘗試傳達他所看到的樣子、聽到的聲音、聞到的氣味、嘗到的味道、摸到的觸感，在幼兒的語言力有未逮之時，塗鴉率先成為表達的工具，這和他嬰兒期所畫的運動感知塗鴉不同，他已經有足夠的運動感知體驗，目前他的塗鴉傾向傳達他的感官經歷，畫出他的感受。

起初媽媽心跳的節奏讓胎兒印象深刻，到了他有能力塗鴉時，便嘗試在紙上再現那種心跳的節奏感，他抓緊筆連續的畫出許多「點」，把這個胎兒期記憶的符號，再現在紙上。自新生時起，他的眼耳鼻口觸的感官感覺，不斷地豐富生活體驗，他手摸的草、碰觸的梳子、拍打的毛毯，都經由指尖傳輸訊號到周邊神經系統，再轉訊號給大腦，在他生活的每一天，世界都在給予多重的感官刺激。

當幼兒畫出一個圓形，在圓周上加畫線條，你覺得他在畫太陽嗎？是他看到太陽後概念化的符號嗎？也許是太陽，像這樣表現太陽的方法已經植入了我們的腦海，經基因遺傳給了子嗣，成為久遠的象徵符號。還有另外的說法，認為幼兒是在傳達手的觸覺感知，皮膚是人體最大的觸覺器官，觸

覺的感知從皮膚傳訊給嬰兒，讓他從媽媽的手體驗到撫摸臉頰和身體，再經由自己的手去分辨各種觸覺的差異，之後許多長著短線的造形便被幼兒畫出來，傳達手接收的那一種觸覺。如果你看到孩子把手畫得像太陽，畫許多短線條當成牙齒，畫各種長著長短線的造形，那很可能是幼兒在表達觸覺感知，從出生起他就在收集觸覺，直到有能力表達出來。

在嬰兒期，有許多的孩子因為視覺的感官刺激，模仿成人握筆寫字而開始塗鴉。起初嬰兒手的精細技能不夠好，沒有能力寫字，但是到了幼兒期，他們長大會畫些符號當成字，用自己發明的符號來模仿成人寫字。假使孩子從嬰兒期一直塗鴉到了 3 歲，他們的手眼協調力已相當好，有些進度快的孩子會用不正確的筆順、筆畫，開始「畫」出幾個簡單的國字。在逐漸成長的小日子中，幼兒的視覺感官連續、

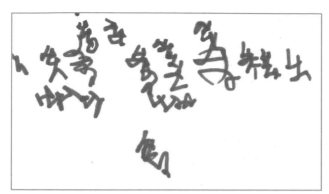

幼兒模仿成人
寫字。

持續的收集成人寫字的訊號，刺激了鏡像神經元，引發他模
仿成人寫字的動機。

情緒的符號

即使孩子只畫條線，也在傳達訊息。當一個 3 歲孩子畫
出糾結成團、重複加疊、塗抹的線條時，孩子的身心狀況是
不穩定的。睡眠不足、身體不適等情況都會影響孩子畫線條
的品質，然而線條的品質本身並沒有所謂的好或壞，只是純
粹反應孩子當下的狀態。

附圖的例子是 1 歲 8 個月大的小男孩，因為被搶奪玩具
而哭泣，在幼兒園老師調解下暫時收起眼淚，準備塗鴉。小
男孩從彩色筆中抓住紅色筆開始畫，孩子一邊塗鴉，眼角的
淚水又再度流下來，老師和作者安撫他，紅著眼睛的小男孩

換成咖啡色繼續塗鴉。孩子帶著淚水完成的塗鴉，是當天作者最喜歡的作品，紅色和咖啡色的糾結線團好似孩子心中尚未平息的怒火，還有一些情緒需要用力戳筆來釋放，塗鴉內容訴說著小男孩的生氣和委屈，色彩的象徵意義也明確傳達紅色（生氣）和咖啡色（悲傷），雖然作者不應該見獵心喜，但是孩子傷心哭泣畫的作品，還真是可遇不可求的佳作。

　　另一個例子是 2 歲 11 個月大的小女孩，個性活潑外向，沒有太多塗鴉經驗，這是作者第二次引導她塗鴉，小女孩顯得相當興奮，迫不及待地從紅藍綠黑的彩色筆中選擇綠色，然後畫起渦形線，手旋轉的動作又大又流暢，顯示孩子手眼協調和手腕發展得很不錯，由於作者只提共四個基本色彩，她換了藍色的彩色筆，接著畫出許多有力的點和短線，點的出現好似小女孩充沛的能量，短線則展示了她的控制力。

　　兩個孩子在塗鴉時都有情緒，畫面中的點是能量的符號，在塗鴉中出現時孩子的情緒波動較大，不論是好或壞的情緒，都可從線條、色彩來觀察，小男孩在紙面上忿忿不平，帶點怒氣的紅色、咖啡色線團，和小女孩流暢圓滑的綠色渦形線，都反映孩子當下的情緒，是最真實的作品。

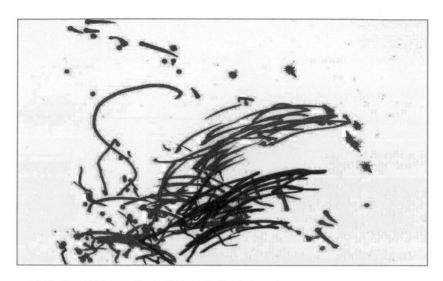

被搶玩具的孩子在傷心哭泣後畫的塗鴉，真是可遇不可求的佳作。

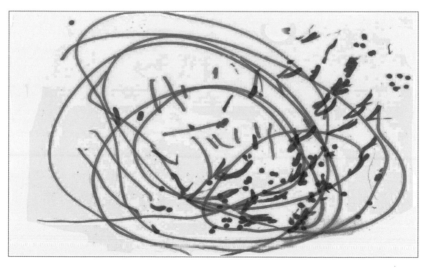

小女孩迫不及待地抓筆畫起渦形線和點。

2歲9個月大的安娜畫出玩
貼紙的塗鴉，中間的鋸齒
線是小號的安娜玩貼紙。

(圖模擬自論文 註4)

好與壞的符號

　　有許多的幼兒會把事件發生的過程和情節描繪成為一個
物理的輪廓，說明他的經歷。一篇由義大利大學三位學者具
名研究、美荷學者評論，發表在《心理學期刊》的論文指出：
「線條被認為是友好、善心或打擊、惡意的樣貌，是通過孩
子與外在事件、對象的行為或關係所建立的。善意的良好筆
觸是圓形、柔軟的，惡意的打擊筆觸是雜亂無章、沉重的……
由於現實是可以定義出基本上的好與壞，所以畫出線條的筆
觸樣式在某種程度上是具有普遍性，屬於文化遺傳中兒童使
用符號的象徵系統。」文中提到2歲9個月大的小女孩安娜，
喜歡玩有可愛圖案的貼紙。在實驗中安娜被中斷玩貼紙，要
求畫出玩貼紙的塗鴉。安娜從中間的小鋸齒線開始往外畫出
一個環狀的捲線。安娜說：「它（中間的鋸齒線）是小號的
安娜玩貼紙」。註4 塗鴉的環狀捲線呈現出流利的質感，柔

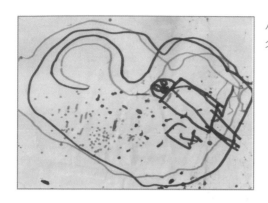

小男孩經由塗鴉表達走了很久的路才到外婆家。

順的造形，從線條上定義安娜玩貼紙的事件是好線條。

　　通常幼兒畫出代表事件的塗鴉，是他對整個事件認知的結果。在事件塗鴉中，通常會有兩、三個符號連接、指示，說明事件的大輪廓，這種畫事件輪廓的方法和畫頭足人的完形輪廓相似。上面這個例子是 3 歲 3 月大的小男孩，畫他到外婆家旅行的情節，從線條環繞的多層次，和多條像腳的線條，可看出路程的遙遠，小男孩並沒有畫手，因為令他印象深刻的是腳走了很久的路才到外婆家，走路時手的存在感不明確，重要的感知全放在腳上，所以畫了多條象徵腳的線，而手被省略沒有畫出。

　　幼兒的塗鴉內容大都是生活情節，這些是由他的敏感性所收集的感覺，是塗鴉表現的好材料。許多在塗鴉中描繪的

3歲2個月的小女孩去貓咪中途之家玩，畫的兩隻貓咪。

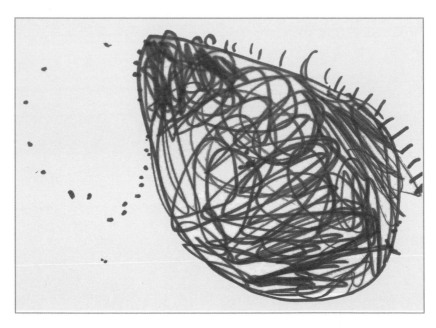

孩子想和貓玩，卻被貓的利爪抓傷，嚎啕大哭後的塗鴉。

對象，有可能是好的、壞的、喜歡的、討厭的，造成這種情況是幼兒真實體驗後的結論，透過塗鴉傳達出來。在孩子還是嬰兒的時候，他也會塗鴉，但是無法說明或說不清楚，到了 3 歲他有能力用簡單的句子表達，說明塗鴉。上面這一張塗鴉是 3 歲 2 個月大的小女孩去貓咪中途之家玩，所畫的貓咪，獨立的大圓形是大貓，小圓形連在一起是小貓。貓兒依偎在一起，幼兒畫出外在現實的內在認知，這些圓形好似她與媽媽，圓形的線條是溫暖流暢的好線條，說明她與媽媽之間的親密關愛。一個與動物有美好經驗的孩子和有不好經驗的孩子在畫動物時，線條品質是截然不同的。我的 3 歲小學生來到工作室想和貓玩，卻被貓的利爪抓傷，小學生嚎啕大哭，隨後用深色畫了幾張粗雜的運動感知塗鴉，從塗鴉觀察孩子的情緒，就像一面鏡子照映出它如實的真相。

孩子的世界和成人一樣，沒有保證幸福美滿，塗鴉內容當然並不全是喜歡的、美好的事。下面的例子說明幼兒塗鴉反應情緒轉折的即時性。正在塗鴉的 3 歲小女孩被照顧者告知塗鴉後要收拾好彩色筆和玩具，才能吃點心。小女孩專注地塗鴉，照顧者一邊忙著雜務，突然口頭要求小女孩馬上收拾玩具。被要求收拾玩具的情節發生的有些突然，小女孩默不做聲的繼續塗鴉，但是卻放下先前畫的右側圖形，畫出左

側線團。我們很明顯看出畫面中左右兩種不同品質的線條，觀察到一個事件的發生和轉變，從右側（單純）改變到左側（粗雜），並由左側線的粗雜感判斷小女孩並不喜歡收拾玩具，所以表現出是壞事件的線條品質。幼兒的敏感性用線條賦予這個情節的視覺定義，塗鴉是充滿情感的手勢，透露出幼兒的心聲。當天的結局是由作者陪著小女孩收拾彩色筆和玩具後，才吃點心。

塗鴉退步

　　二十世紀的多位藝術教育家都認為：嬰幼兒畫出運動感知塗鴉是由於生理的運動快感需求。我們相信這是部分的原因，但是運動感知塗鴉不只出現在嬰幼兒期的孩子身上，任何年齡層的人拿起筆也會無意識地畫起來，畫出運動感知塗鴉背後的動機，不能離開人的感官感覺、心智活動、身心的因素。所以讓孩子抓握筆畫運動感知塗鴉背後的原因，在開始和過程中也不太相同，是上述三種因素的消長。起初是嬰兒生理上的運動快感需求，讓他畫出運動感知塗鴉，從塗鴉所獲得的快感增進孩子的體驗，豐富其心智。在後續運動感知塗鴉中（渦形線），產生了變化，雖然孩子還是畫運動感知塗鴉，但是在後半段的運動感知塗鴉被畫出來時，幼兒的認知與先前已大不相同了。

幼兒的敏感性用線條賦予這個情節的視覺定義。

　　即使孩子有能力組織造形，甚至於已經發展到了命名、圖式的象徵符號階段，他還是可能返回運動感知塗鴉，也許還會停留一陣子，就如同沃爾夫岡•格羅辛格 (Wolfgang Grözinger) 在《給父母的十戒》中說的：「當你的孩子似乎退步時，不要絕望；每一個進步都從危機開始。」註 5 請想想嬰兒在 12 至 15 個月大開始塗鴉，到了 3 歲畫了將近數百張的塗鴉，起初塗鴉的新鮮感、好奇心已經減弱。所以孩子可能會有些遲疑，需要暫時回到本能的運動感知塗鴉，再畫一下兩端移動的線團和渦形線，持續的時間從幾天到一兩週不等。在任何階段孩子回到運動感知塗鴉都是自然的現象，正常情況下他們的感官知覺、生理發展會趨向穩定和進步，塗鴉能力也會跟著提升，回到最初就是回到他熟悉、安心的一種狀態，作為他進步過程中短暫迷惘的調整，準備下個進程。

咚咚用水性顏料塗鴉，高興得把紙都戳破。

在象徵符號期的幼兒突然畫出運動感知塗鴉，大部分是發生在有情緒時（高興、生氣、沮喪）。幼兒藉著畫運動感知塗鴉釋放積存的情緒能量，紓解感受到的壓力，運動感知塗鴉顧名思義就是手像似運動一樣的塗鴉，和運動消耗能量的意義相同，讓線條自由、任性、無害的在紙上飛揚，可以紓解壓力、穩定情緒，這對無法、不善用語言表達感受的孩子，是非常有益的，也許孩子畫幾張運動感知塗鴉，就會回復到原來的狀態。

運動感知塗鴉的抽象線條不是模仿物件、再現物件，而是傾向傳達嬰幼兒的情緒能量。當幼兒已經能畫出一個人或一輛車時，再畫出先前的運動感知塗鴉，這時幼兒往往被認為是退步了。但是，真的是這樣嗎？參考赫伯特•里德（Herbert Read）對抽象的看法：「抽象派是人類遭遇虛無深

淵的反應，表現恐懼，使人不信任或不承認固有的原則，讓人類心靈在此情形下有充分創造的自由」註6 仔細閱讀這一段話，再想想我們講電話時隨手塗鴉的線條，我們會讚嘆幼兒的敏感性是多麼靈巧地主動紓解他自己的壓力，畫出運動感知塗鴉是自由、本能、潛意識的表現，追根究底它是一種近似藝術治療的功能，幼兒藉著回返運動感知塗鴉，紓解他的情緒，平衡身體與心理。

　　作者建議由成人引導嬰兒模仿塗鴉，源於行為主義刺激→反應的理論，成人在嬰兒面前塗鴉，由嬰兒的眼睛接收訊號傳給大腦中的鏡像神經元，刺激嬰兒做出模仿塗鴉。另一方面，作者是一位藝術家和教師，在專業訓練過程受到里德 (Herbert Read) 洛恩菲爾德 (Viktor Lowenfeld) 創造性取向學派 (Creative orientation) 影響 註7。建議成人避免直接去教嬰幼兒塗鴉、不要求孩子模仿寫實的物件，鼓勵孩子自由地創造，發揮他個人的特色。在嬰兒畫出運動感知塗鴉時，能理解他的身心進程，或是當幼兒以完形傾向畫出頭足人時，尊重他的認知，不要求他添加不足數量的手腳。因為這是孩子的主觀和完形傾向，引導他畫出頭足人，他的自我為中心讓頭足人毫無懸念的代表人的象徵，要求畫出正確數量的手腳，並不合乎當下幼兒的發展時程，容易混淆孩子，令

3歲2個月大咚咚畫出頭足人是塗鴉的重要符號。

在頭足人出現不久，咚咚用不同顏色表現白雪公主和七矮人。

他們不知所措。

小小新手的塗鴉筆記五

再過幾週咚咚就要滿 3 歲了，看著 5 歲的表姐畫水彩，她也想嘗試。這一天我示範水彩的步驟給咚咚看，把水彩筆沾水後，再沾一點色彩，在調色盤上調一調混合，畫在紙上。我示範之後讓咚咚自己畫。她第一次畫水彩，實在太興奮，握著水彩筆在紙上一直塗抹，塗到紙張都破了。第一次咚咚畫水彩比較像在玩色彩，她在調色盤上沾了多種色彩，混在一起，又把調色盤上的色彩通通攪在一起，雖然色彩都弄髒了，但是她玩得不亦樂乎。

大約 3 歲有一段時間，咚咚跟著表姊一起塗鴉，把水彩和蠟筆混著用，由於蠟筆中的蠟質有排水性，先畫蠟筆再畫水彩，會出現有趣的色彩效果，兩個孩子玩得不亦樂乎。咚咚一星期塗鴉 2~3 次，每次塗鴉的時間長度不定，若是把水彩、蠟筆、彩色筆混著一起畫，由於材料不同而有新鮮感，塗鴉時間較長。

3 歲 2 個月時，終於看到咚咚畫出第一個頭足人，這是塗鴉的重要符號，代表她進入了圓形組織符號的階段。咚

咚咚目前常用蠟筆
和水性顏料塗鴉。

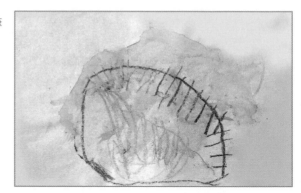

咚現在創造的符號已可被辨識造形特徵，她還會為自己的塗
鴉命名和說故事，這段時間各種符號源源不絕的從她的筆下
創造出來。

　　3 歲 5 個月時，咚咚最常用蠟筆和水性顏料塗鴉。她
覺得用水性顏料調出各種色彩是一件很好玩的事情，受到色
彩變化的吸引，喜歡嘗試不同的色彩混合。水性顏料對孩子
來說不同於彩色筆和蠟筆，她可以自由、任意地塗抹在先
前的蠟筆上，也不用擔心蠟筆的色彩被蓋住。在這段時間咚
咚畫了許多蠟筆和水彩的塗鴉，水彩能訓練色彩感知，和調
色、配色的能力，咚咚的色彩感受力就從當中培養。

檢視塗鴉五

　　手眼協調和色彩辨識是這個階段的觀察重點。我們從幼

兒畫圓形的起頭和結束筆觸的接合，可以觀察幼兒手眼的協調力，筆觸接合好的孩子手眼協調力較佳，手的精細技能也較好。另外，自從幼兒能辨識更多色彩後，會逐漸產生變化，傾向使用幾個喜好的色彩，以下三個問題提供參考：

1. 畫圓形的起頭和結束的筆觸有接合好嗎？

2. 開始以圓形組織造形？

3. 有常用的色彩嗎？

推薦閱讀

1. 《孩子的話告訴我們什麼 —— 兒童畫與兒童心理解讀》，蘿絲•弗萊克•班格爾特 (Rose Fleck Bangert) 著 / 程巍、許玉梅 譯，北京師範大學，
   《第二章 天使看起來像刺蝟》在這章中班格爾特用清晰獨特的見解說明幼兒初期塗鴉的心理內容。

2. 《慢的教育》，卡爾•歐諾黑 (Carl Honoré) 著／薛詢 譯，
大塊文化

本書是寫《慢活》全球熱賣的作者歐諾黑後續佳作，曾
入圍 2008 年皮爾森作家信託基金會非文學獎。這本書放
在《嬰兒塗鴉》的最末章節作為推薦選書，深具意義。
主要的目的是提醒家長在為孩子下決定、安排之前，再
一次想想，沒有一種成功經驗能複製於所有的孩子，請
為自己和孩子調整出適合的，然後慢慢來......

註解

註 1．p39／ 註 5．p 119~120．《兒童塗鴉‧線畫‧彩畫 —— 兒童造形
的早期形式》，沃爾夫岡•格羅辛格 (Wolfgang Grözinger) 著／
王玉、梁波 譯，世界文物

註 2．p225，《愛彌兒》，尚•盧梭 (Jean J. Rousseau) 著／魏肇基 譯，
台灣商務印書館

註 3．p193，《藝術心理學新論》，魯道夫•安海姆 (Rudolf Arnheim)
，台灣商務印書館

註 4．*A new theory on children's drawings : Analyzing the role of
emotion and movement in graphical development*，Quaglia R,
et al.，Infant Behav Dev. 2015

註 6．p104，《現代藝術哲學》，赫伯特•里德 (Herbert Read) 著／孫旗 譯，

約3歲半男孩的水彩畫。

東大圖書

註 7．1940~50　創造性取向的教育理念一方面受盧梭的自然主義影響，

　　　主張教育必須配合人的生長時序，順應自然發展，讓每一個孩子

　　　自由地發揮其天賦；另一方面，也受到杜威將科學精神運用於解

　　　決社會、哲學、教育問題的影響。洛恩斐爾德與赫伯里得是其中

　　　的代表學者。

補充

補充 1．《為什麼法國媽媽可以優雅喝咖啡，孩子不哭鬧？》，潘蜜拉•

　　　杜克曼 (Pamela Druckerman) 著／汪芃 譯，平安文化有限公司

　　　p127．讓小朋友「覺醒」，是指讓孩童經歷味覺等各種感官體驗，

　　　在過程中，家長不要時時參與活動，有時只是讓幼兒凝視天空，

　　　烹調晚餐時讓孩子聞聞，甚至讓孩子在毯子上玩一會兒，都能算

　　　是「覺醒」的方法。這些經驗能讓孩子的感官更為敏銳，分辨各

　　　種經驗上的差異，學會如何獨處和自得其樂。

大約3歲的孩子塗鴉，傳達出年幼的渺小感受與外在的壓力。從色彩和
線條品質觀察，孩子給的定義傾向是好的線條和色彩。

國家圖書館出版品預行編目資料

嬰兒塗鴉-培養聰明大腦的方法Toddler Scribbles
/林慧如 著--初版2021.12--台北市　　面：公分

(平裝)

ISBN　978-957-43-9411-1

1.親職教育　2.藝術教育　3. 兒童畫

528.2　　110017026

嬰兒塗鴉-培養聰明大腦的方法
Toddler Scribbles
作者：林慧如

版面審查：羅瑞珍

印刷排版：益捷印刷設計公司

校對：王靖婷、陳大衛

封面照片支援：Fujikama from Pixabay

出版者：林慧如

地址：251 新北市淡水區坪頂路257號三樓

電話：(02)8626-8220　**版權所有‧翻印必究**

定價　380元　　　　　初版一刷　2021年12月

代理經銷：白象文化事業有限公司

地址：401 台中市東區和平街228巷44號

電話：(04)2220-8589　傳真：(04)2220-8505

國|藝|會　出版補助
NCAF